三千世界三字经 4

张玮 馒头说团队 ——著

中信出版集团 | 北京

图书在版编目（CIP）数据

三千世界三字经：全4册 / 张玮，馒头说团队著. --
北京：中信出版社，2024.9. -- ISBN 978-7-5217
-6775-9

Ⅰ. H194.1

中国国家版本馆CIP数据核字第2024NX8952号

三千世界三字经
著者： 张玮　馒头说团队
出版发行：中信出版集团股份有限公司
（北京市朝阳区东三环北路27号嘉铭中心　邮编　100020）
承印者：北京尚唐印刷包装有限公司

开本：880mm×1230mm 1/32　　印张：24.75　　字数：495千字
版次：2024年9月第1版　　印次：2024年9月第1次印刷
书号：ISBN 978-7-5217-6775-9
定价：180.00元（全4册）

版权所有·侵权必究
如有印刷、装订问题，本公司负责调换。
服务热线：400-600-8099
投稿邮箱：author@citicpub.com

目 录

历史篇·史书

80 "二十四史"是怎么回事? ... 003
　　凡正史，廿四部，益以清，成廿五。

81 《史记》背后的司马迁 ... 011
　　史虽繁，读有次，史记一，汉书二。

82 《三国演义》和《三国志》有什么区别? ... 018
　　后汉三，国志四，此四史，最精致。

83 司马光和《资治通鉴》 ... 025
　　先四史，兼证经，参通鉴，约而精。

84 读历史有什么用? ... 032
　　历代事，全载兹，载治乱，知兴衰。
　　读史者，考实录，通古今，若亲目。

名家篇

85 "儒家学说"的变与不变 ... 039
　　汉贾董，及许郑，皆经师，能述圣。

86 "格物致知"和"知行合一" ... 046
　　宋周程，张朱陆，明王氏，皆道学。

87 屈原：众人皆醉我独醒 ... 054
　　屈原赋，本风人，逮邹枚，暨卿云。

88 他们竟然都是好朋友？　063
　　韩与柳，并文雄；李若杜，为诗宗。

89 如果穿越，你听得懂古人的话吗？　072
　　凡学者，宜兼通，翼圣教，振民风。
　　口而诵，心而惟，朝于斯，夕于斯。

90 孔子的老师是谁？　078
　　昔仲尼，师项橐。古圣贤，尚勤学。

91 "没文化"的赵普　085
　　赵中令，读鲁论。彼既仕，学且勤。

92 萤火虫的光，真能让人看清字吗？　092
　　披蒲编，削竹简，彼无书，且知勉。
　　火淬掌，锥刺股，彼不教，自勤苦。
　　如囊萤，如映雪，家虽贫，学不辍。
　　如负薪，如挂角，身虽劳，犹苦卓。

93 "超级老爸"苏洵　099
　　苏明允，二十七，始发愤，读书籍。
　　彼既老，犹悔迟。尔小生，宜早思。

94 神奇的"稷下学宫"　107
　　若荀卿，年五十，游稷下，习儒业。

95 那些从小立志的大人物　114
　　彼既成，众称异。尔小生，宜立志。

96 那些没有荒废天分的"小天才"　121
　　莹八岁，能咏诗。泌七岁，能赋棋。

彼颖悟，人称奇。尔幼学，当效之。

97　那些古代的才女　　　　　　　　　129
　　蔡文姬，能辨琴。谢道韫，能咏吟。
　　彼女子，且聪敏。尔男子，当自警。

98　"神童时代"背后的真相　　　　　136
　　唐刘晏，方七岁，举神童，作正字。
　　彼虽幼，身已仕。尔幼学，勉而致。

99　古人喜欢拿哪些动物做榜样？　　142
　　犬守夜，鸡司晨。苟不学，曷为人？
　　蚕吐丝，蜂酿蜜。人不学，不如物。

100　什么是"三不朽"？　　　　　　150
　　幼习业，壮致身。上匡国，下利民。
　　扬名声，显父母，光于前，裕于后。

101　不要辜负自己的未来　　　　　　160
　　人遗子，金满籝。我教子，惟一经。
　　勤有功，戏无益。戒之哉，宜勉力。

参考文献　　　　　　　　　　　　　　165

历史篇·史书

80 "二十四史"是怎么回事?

- 凡正史,廿四部,益以清,成廿五。
- 为什么"二十四史"有哪些史书?
- 正史和野史有什么不同,又有怎样的关系?

我们把上古时代到清朝的历史都给大家简单地过了一遍,大家是否能大致理出一条线呢?其实,我们要想了解中国古代的历史,最直接的方式就是去读史书。

我们讲过,史书也是分种类的,按体例有纪传体、编年体、纪事本末体、国别体等等。但史书还有另外一种分法,分为两种:正史和野史。

《三字经》是这么来讲正史的:

"凡正史,廿四部,益以清,成廿五。"

意思是说,我们中国的正史一共有二十四部,叫作"二十四史",如果再加上写清朝的史书,就有二十五部了。

什么叫正史?正史和野史又有着什么样的关系?

从"前四史"到"二十六史"

我们都知道,时间就像水流一样,慢慢地向前流动。

我们中国的历史不是一下子就有几千年这么长的,是一个朝代一个朝代,几十年几百年这样积累起来的。所以,我们也不是一开始就有"二十四史"这么多部正史。

在魏晋南北朝时期,有学者把三部史书当作正史来看待,称其为"三史"。第一部是西汉历史学家司马迁写的《史记》,写的是从远古时代到西汉前期的这段历史。第二部是东汉历史学家班固写的《汉书》,主要写的是西汉时代的历史。第三部叫《东观汉记》,主要写的是东汉的历史。不过,南朝的历史学家范晔又编了一部记录东汉历史的史书,叫《后汉书》,写得比《东观汉记》更全面,所以唐朝开元以后,《后汉书》就取代了《东观汉记》,和《史记》《汉书》一起被叫作"三史"。

在西晋的时候,有一个叫陈寿的历史学家把三国的历史分别记录了下来,编写了《三国志》。后来,《三国志》和"三史"加在一起,被称为"前四史"。

从前四史出现的过程我们就能看出来,历史每向前推进一个朝代或者历史时期,基本上就会出现一部记录之前这段历史的正史。比如记载晋朝历史的正史就是《晋书》,记录隋朝历史的正史就是《隋书》,类似的还有《元史》《明史》等。

但记录某个朝代的正史,可能不止一部,比如记录唐朝的正史。

《唐书》一共有两部,而且两部都很重要。编得比较早的就叫《旧唐书》,编得比较晚的就叫《新唐书》。《旧唐书》和《新唐书》都是"二十四史"里的正史。记录唐朝灭亡后的五代时期的史书也出现了类似的情况,所以"二十四史"里有《旧五代史》,也有《新五代史》。

还有的历史时期,国家的南方和北方分裂出了几个不同的政权,比如我们在前文说过,在南北朝的时候,南方和北方先后都出现了好几个政权。一般来说,每个重要的政权都能拥有一部正史来记载它的历史,所以关于南朝的正史有分别记录各个朝代的《宋书》《南齐书》《梁书》《陈书》以及

整体记录南朝历史的《南史》这五部。

关于北朝的正史也有分别记录各朝的《魏书》《北齐书》《周书》和整体记录北朝历史的《北史》这四部。

类似的情况也出现在宋朝的时候。当时，南方的宋朝和北方的辽朝、金朝曾同时存在，所以记录这段历史的有《宋史》、《辽史》和《金史》这三部正史。

在清朝的时候，乾隆皇帝钦定，以上提到的这二十四部史书都是正史，所以把它们一起叫作"钦定二十四史"。也就是说，到了清朝乾隆年间，"二十四史"这个概念才正式确定下来。不过我们知道，清朝后来也灭亡了，所以到了民国的时候，历史学家又给清朝写了一部史书，叫《清史稿》。所以说，《三字经》里说的"二十五史"，有可能是在"二十四史"的基础上，加上了《清史稿》。

民国的历史学家们觉得元朝的历史写得不够好，又给元朝编写了一部叫《新元史》的史书，所以，有些学者把《新元史》和《清史稿》与"二十四史"合称"二十六史"。

正史有什么特点？

不论是"二十四史""二十五史"，还是"二十六史"，都有一些共同的特点。

首先，它们都是纪传体史书。我们知道，"二十四史"的

第一部是《史记》，它的体例就是纪传体，所以，后来的正史基本都是按照《史记》的体例来编写的，不但都是纪传体，而且条目和结构也都有点像《史记》。

其次，这些正史还有另一个共同点，那就是它们基本都是后面朝代的人来写前面朝代的事。

这个理由也很简单，古诗说得好：不识庐山真面目，只缘身在此山中。当人们正生活在一个朝代的时候，是很难看清楚这个时代的真面目的，也不可能把这个朝代的历史从头到尾写完整。所以，只有一个王朝灭亡了，后来的历史学家才能开始整理这个朝代的历史，并且从这些历史中，思考这个朝代有什么功劳、有什么问题，对后来的朝代有什么影响、有什么教育意义。

当然，这也会造成一个问题：后面的朝代往往是在前面朝代的基础上建立起来的，所以就很难特别客观地去写前朝的历史。大家想，这些写历史的人如果把上一个朝代写得太美好、太高大了，不也会威胁到自己王朝的正统地位吗？人们也许会问，你凭什么取代它呢？

正史和野史有什么区别？

其实，正史这个说法，没有一个特别确定的标准。

按照《三字经》的说法，正史就是乾隆皇帝钦定的这二十四部史书，它们之所以是正史，就是因为得到了最官方、最权威的认可。中国几千年来出现了成百上千部史书，有些史书是官方的历史学家，比如朝廷里最专业的史官团队或者记录皇帝生活的学者大臣来编写的。一般来说，这种史书有官方的创作团队，得到了国家的资源，也经过了很多次的审阅和校对，可信度还是比较高的。所以，有的历史学家觉得，这种由官方团队编写的史书，都可以叫作正史。

但是，这种说法也有问题，比如下一篇会讲到的写《史记》的司马迁，他虽然是朝廷里的史官，但他写《史记》却不是因为官方的要求，而是出于自己的愿望。其实，在唐朝以前，很多正史都是一些历史学者自己来编写的，不是官方安排的。

换句话说，那些由朝廷官方编写的史书，一般可以被看作正史。那些由历史学家自己编写的史书，如果编写得非常专业，内容特别全面，也可能会受到官方的认可，成为正史。总体来说，正史是一定要得到官方认可的。相反，那些没有得到官方认可的、由学者私人编写的史书，或者是关于历史人物的故事杂谈和笔记记录，一般就被叫作野史。

整体来看，正史的可信度要比野史高不少，但是，帝王将相难免有一些不愿意让人知道的事情，这些事情在正史里一般会写得比较模糊，反倒更有可能被野史记载。所以，我们在读史书的时候，最好不只是看正史，也可以看看野史，用野史来辅助自己的阅读。

当然，正史和野史的内容有不同的地方，也有差不多的地方。有的时候，同一件事情，正史和野史的记载可能百分之九十九都是相同的，那不一样的百分之一，也许就是特别有意思的细节。

比如，在记载魏晋历史的正史《晋书》里，有一些片段和野史笔记《世说新语》写得差不多，但也有一些细节是不一样的。复旦大学中文系的骆玉明教授曾经举过这样一个例子：

在魏晋时代，有一个叫嵇（jī）康的文人，因为不配合想要谋权篡位的司马家族的统治，所以被杀害了。关于嵇康被处刑的这个历史片段，《世说新语》和《晋书》里的记载几乎一模一样：行刑前，嵇康要来了一把琴，给在场的人弹奏了一首叫《广陵散》的曲子。弹完这首曲子以后，嵇康说："之前我外甥想要跟我学这首曲子，我没教给他。现在我一死，这首曲子可就失传了！"

关于这个故事，《世说新语》和《晋书》有一点点不同的地方。《世说新语》里面多了一个细节，说嵇康在刑场上，"神气不变"，也就是他的神色和表情一点儿也没有变化，这个细节在《晋书》里是没有的。但是，《晋书》也比《世说新语》多了一个细节，说嵇康在弹琴之前，"顾视日影"，也就是他先回过头去，遥望了一下太阳的投影，然后才要来一把琴开始演奏。《世说新语》和《晋书》里记载的这两个细节都能让我们感受到，嵇康是个高尚优雅的人，因此它们也都应该是真实的。所以,有时候,我们如果把正史和野史配合着一起读,会发现历史读起来更生动了。

当然,不论是正史还是野史,我们读的时候都要留个心眼,想想它们写的到底是不是真的,尤其是从逻辑上推断有没有什么不合理的地方,真相更有可能是什么样子的。

> **凡正史,廿四部,益以清,成廿五。**
>
> 我们中国的正史一共有二十四部,称"二十四史",如果再加上写清朝的史书,就有二十五部了。
>
> 知识卡

81 《史记》背后的司马迁

史虽繁，读有次。史记一，汉书二。

司马迁为什么要编写《史记》？

司马迁在写《史记》的时候遇到了什么样的困难？

他是怎样克服困难，坚持完成《史记》的？

毛主席曾经写过一篇演讲稿，叫《为人民服务》，这篇演讲稿被选到了现在的小学语文课本里。毛主席在演讲的时候说：

"人总是要死的，但死的意义有不同。中国古时候有个文学家叫做司马迁的说过：'人固有一死，或重于泰山，或轻于鸿毛。'为人民利益而死，就比泰山还重；替法西斯卖力，替剥削人民和压迫人民的人去死，就比鸿毛还轻。"①

里面提到的这位司马迁，他不只是个文学家，还是西汉时一位著名的历史学家，也是《史记》的作者。上一篇我们说，"二十四史"都是按照《史记》的体例格式来编写的，

---

① 毛泽东，《毛泽东选集》（第三卷），人民文学出版社。

《史记》还排到了"二十四史"之首。

在《三字经》里有这样两句话:

"史虽繁,读有次。史记一,汉书二。"

意思是说,中国的史书数量很多,我们读起来就应该有顺序。最开始要读的就是司马迁写的《史记》,然后是班固等人编写的《汉书》。

司马家族的传统

《史记》一共有一百三十篇,最后一篇叫《太史公自序》,是司马迁给自己写的传记。在这篇自传里,司马迁详细地记载了自己家族的历史,也写了自己创作《史记》的原因和过程。

按照司马迁的说法,在上古帝王颛顼在位的时代,司马迁的祖先就已经是很重要的角色了,在当时掌管着和天文地理相关的工作。到了周朝的时候,司马迁的祖先开始掌管记载历史。有的学者认为,在西周的时候,司马家族有可能成了一个史官家族——这也让司马迁在面对历史的时候,产生了一种来自家族血脉的使命感。

但我们知道,春秋战国时期,周王室衰落了,所以司马迁的祖先就离开了周天子的朝廷,去诸侯国里工作,不再当史官了。一直到司马迁的爸爸司马谈当上了汉朝的太史令,其家族的人才重新成为史官。后来，司马迁和爸爸一样，也成了太史令，所以两人都被叫作"太史公"——《史记》这本书原来的名字，就叫《太史公书》。

司马父子的理想

司马迁的爸爸司马谈是个很有学问的人，我们在讲"九流"的时候提到过，他有一篇文章叫《论六家要旨》，该文对春秋战国时比较重要的几个学派进行了分析和点评。其实，司马谈在研究这些学派的时候，也产生了自己的理想抱负，他也想成为学术大牛，开创属于自己的学术思想。

司马谈对儿子司马迁的教育也很重视，让司马迁从小就读《尚书》《左传》这些经典历史著作，这不但让司马迁爱上了历史，也让司马迁产生了和自己相同的学术志向。

司马迁在二十岁，开始去天下各地游历。他可不是毫无目的地到处闲逛，而是一边旅游，一边观察各个地方的环境和风貌，还到处打听当地的历史传说。据说，司马迁把自己在每个地方收集到的历史故事都记录下来，仔细整理好，因此积累了很多历史资料，其中有不少资料后来就成了他写《史记》时用到的材料。

汉朝没有科举考试，因为家族的关系，司马迁比较轻松就当上了官。一开始，司马迁做的不是史官，在他爸爸司马谈去世之后,他才接替了爸爸的官职,做上了太史令。

司马迁下定决心动笔去写《史记》,也和他爸爸的去世有关。

司马迁的爸爸司马谈临死之前,对司马迁交代了一番话。他说:"我们祖先可就是史官啊,难道家族的传统就要在我这里断送掉吗?所以啊,你继承了我的事业之后,一定不要忘掉你老爸的学术理想!而且,孝敬父母最重要的就是能够自己做出一番事业,闯出名堂,让父母也能跟着感到光荣。所以,你一定要把我想做但没做完的事情给做完——把这过去几百年的历史给好好记录下来!"

司马迁流泪答应了病重的爸爸。就这样,司马迁在父亲去世之后,继承了父亲的理想和事业,正式把编写《史记》提上了日程。

逆境中的司马迁

但是,编写《史记》的过程并没有那么顺利,其间发生了一件改变司马迁命运的大事。

当时,汉武帝手下的一员大将叫李陵,是飞将军李广的孙子。李陵在和匈奴打仗的时候被匈奴人包围了,虽然拼死抵抗,但最终弹尽粮绝,在不得已的情况下,只能向匈奴人投降。

汉武帝听说李陵竟然投降了,非常生气,满朝文武大臣为了讨好汉武帝，也都跟着皇帝一起骂他。司马迁虽然和李陵没有一点儿交情，却认为不应该这么说人家，他充满正义感地对汉武帝说，李陵在投降之前，和敌人拼到了最后一刻，他虽然投降了，但这也是被逼无奈的选择，估计他正在那边想办法来报效祖国呢！

总之，司马迁觉得李陵并没有太大的罪过。汉武帝一听，非常生气，就把司马迁抓起来了，让他遭受了"腐刑"，其实就是把他阉割了。这对司马迁而言是极大的屈辱，用他自己的话说，他成了一个既不能算是大臣，也不能算是太监的废人。

一般人如果遭受了这么严重的打击，可能早就受不了了。

司马迁不是没有想过一死了之,但是他知道自己还不能崩溃,就算变成了废人也要苟且地活下去,因为他和父亲的理想还没有实现——《史记》还没有写完。

司马迁后来在给朋友的信里面说了毛主席后来引用过的这句名言:"人固有一死,或重于泰山,或轻于鸿毛。"大概在司马迁眼里,如果自己没写完《史记》就窝囊地死了,那生命的分量就比羽毛还要轻。如果自己能够搞明白天道和人世间的规律,捋清楚历史的脉络,把《史记》完成,自己也许还能活出价值来。

流芳百世的《史记》

司马迁还说:当年周文王被囚禁的时候推演出了《周易》这本书,孔子在困境里编写了《春秋》,屈原被流放后才写出了《离骚》这样的作品,左丘明成了盲人才编写了《国语》这本书。因此司马迁觉得,在历史上,有很多经典名著的作者,都是在遭遇不幸之后,化悲痛为力量,完成了自己的作品,这才成了圣贤之人。既然自己也遭到了不幸,就更应该坚持把《史记》写完。

经过了十三年的努力,司马迁终于完成了《史记》这部五十多万字的史书著作。因为《史记》这部书不是官方让他编写的,而是他为了实现理想自己写的,所以司马迁也有点担心：万一将来哪个皇帝看这部书不顺眼，把这部书给毁掉了，怎么办？

所以，司马迁就把这部书抄了一遍，制作了一个副本，留在了京城。然后他让家人把《史记》这部书的原始版本给藏了起来，有可能是藏在了某座山里面。

好在，《史记》并没有被人毁掉，反而流传至今，成了不朽的经典。

知识卡

史虽繁，读有次。史记一，汉书二。

中国的史书数量很多，我们读起来就应该有顺序。最开始要读的就是司马迁写的《史记》，然后是班固等人编写的《汉书》。

人固有一死，或重于泰山，或轻于鸿毛。

出自司马迁的《报任安书》。意思是说，每个人都会死去，但有的人死的价值比泰山还要重，有的人死的价值比羽毛还要轻。

82 《三国演义》和《三国志》有什么区别？

后汉三,国志四。此四史,最精致。

陈寿是怎么写出《三国志》的?

《三国志》和《三国演义》是什么关系?

这两本书有哪些不同?

大家就算没看过,也一定听说过《三国演义》。不论是在语文课本上,还是在电影和电视剧里,我们经常看到《三国演义》的段落。很多人以为,《三国演义》里的故事都是真的,但其实这是一个误解。《三国演义》毕竟是一部小说,不是一部史书,真正记载三国这段历史的史书,叫《三国志》。

《三字经》里有两句话就提到了《三国志》:

"后汉三,国志四。此四史,最精致。"

意思是说,《史记》《汉书》《后汉书》,再加上《三国志》,就是"二十四史"里的前四史,这四部史书可以说是编写得最精致的了。

那么,《三国志》和《三国演义》究竟有什么区别呢?

陈寿这个人

说《三国志》，不得不先说它的作者——陈寿。

虽然我们一般都说陈寿是西晋时候的历史学家，但是陈寿其实出生在三国时期，是个蜀国人。很多人应该知道诸葛亮挥泪斩马谡（sù）的故事。当时，蜀国的大将马谡不听诸葛亮的命令，结果丢失了街亭（今甘肃庄浪东南）这样一个战略要地，被诸葛亮给处死了。

这件事其实和陈寿也有关系，因为陈寿的父亲当时就是马谡手下的一名参军，大概相当于军事参谋。因为这件事，陈寿的父亲也遭到了处罚。

陈寿从小就特别好学。他的老师是蜀国一个非常有名的大学者，叫谯（qiáo）周。谯周一直反对蜀国北伐攻打魏国。谯周觉得：我们蜀国的实力和人家魏国根本没办法比，人家的人口和地盘都是我们的好几倍，我们凭什么去攻打魏国呢？况且，攻打魏国需要钱，需要粮食，还需要士兵，这些都是老百姓的负担。所以，我们还是不要打人家，老老实实守住蜀国这片地方就行了。后来魏国的军队打到蜀国的国都成都时，谯周为了减少老百姓的生命财产损失，劝说蜀国的皇帝刘禅投降了。

在谯周眼里，陈寿是一个非常棒的学生。但是，谯周大概是觉得陈寿的性格太耿直了，所以曾经嘱咐陈寿说："你肯定能因为才华和学问名扬天下的，但是你要小心一点，你也很有可能会因此受到伤害啊！"谯周说的果然没错，在蜀国灭亡之前，陈寿在国内当过一些小官，但当时蜀国的朝政被一个太监给控制了，陈寿不愿屈从他，所以这个官当得很不舒服，经常被贬。而且，在谯周的影响下，陈寿虽然是蜀国人，但是他好像对蜀国的好感不多，反倒是更愿意承认蜀国的敌人魏国的正统地位，这一点在他后来编写的《三国志》里也能体现出来。

在蜀国灭亡之后很多年，陈寿才在晋朝做上了一个小官。在这段时间里，陈寿已经开始编写一些历史材料了，比如他很尊敬诸葛亮，就把诸葛亮的文章收集起来，编了一本《诸葛亮集》。不过还是像他老师谯周说的那样，陈寿虽然很有才华，但是官运特别差。

到了公元280年，晋朝灭掉吴国统一天下，三国时期这段历史正式结束了，陈寿也终于开始搜集三国时的官私著作，著《三国志》。

当时已有记载魏、吴两国历史的官修和私修史书，而蜀国是三国里面唯一一个没有史官这个岗位的国家，所以蜀国无史。陈寿为了写蜀国的历史，花了很多功夫，努力去搜集各种各样的历史资料。所以，虽然《三国志》里记载蜀国历史的《蜀书》是最短的，甚至还没有记载魏国历史的《魏书》一半长，但是这些资料很有可能都是陈寿靠着自己一个人的力量搜集的，非常不容易。

小说和历史

其实一开始,《三国志》不是一本书,而是三本书。

陈寿给魏、蜀、吴三个国家分别编写了一本史书,即三十卷的《魏书》、十五卷的《蜀书》和二十卷的《吴书》,一共有六十五卷,记载了从公元220年到公元280年这六十年的历史。到了宋朝的时候,学者才把《魏书》、《蜀书》和《吴书》合并到一起,编成了《三国志》。

再后来,到了元末明初的时候,罗贯中根据《三国志》创作了小说《三国志通俗演义》,也就是我们常说的《三国演义》。换句话说,《三国演义》是根据《三国志》这部史书改编出来的小说。小说有一个重要的特点,那就是有很强的虚构属性,这一点和力求记录真实历史的史书是不一样的。

首先,《三国演义》和《三国志》这两本书,对三国时哪个阵营更有资格继承正统的看法不太一样。

如果看过《三国演义》,你肯定会觉得刘备的蜀汉阵营里,基本上个个都是人才,他们的人品也很高尚。像最有名的谋臣诸葛亮,武将关羽、张飞、赵云、马超、黄忠,都是刘备的手下。可以说,《三国演义》里一大半的正义人士都集中在刘备的蜀汉阵营,这让很多读者都觉得,刘备才是三国君主里最有资格继承大统的人。相对来说,在《三国演义》里,孙权虽然也是一个英雄豪杰,但根本没办法和刘备相提并论。而曹操在《三国演义》里更是一个比较反面的角色,很多读者都觉得曹操是一个奸诈狡猾、自私自利、谋权篡位的大奸雄。

但在《三国志》里,曹操的魏国才是正统。陈寿在记载曹操的故事时,用的标题是皇帝才有资格使用的"纪"。陈寿在书写刘备和孙权的时候,标题却没有用"纪",用的只是普通大臣就能使用的"传"。从这里我们就能非常明显地看出来,在陈寿眼里,只有曹操才能达到皇帝的地位,是天下的正统君主,刘备和孙权只不过是割据一方的诸侯。当然,这也和陈寿本身就身处晋朝有关,晋本来就是从曹魏那里得到的天下。

其次,《三国演义》有很多细节都比《三国志》夸张一些,有不少添油加醋的成分。

比如《三国演义》里有一个经典桥段,那就是"十八路诸侯讨伐董卓",但其实,在《后汉书》和《三国志》的记载里,讨伐董卓的地方势力根本就没有十八个这么多。

《三国演义》不仅在数字上面动手脚,还在人物和情节上面做了很多改动。我们在前文提到,小说把刘备的蜀汉阵营当成主角来描写,所以,刘备阵营里面的很多人物都被改编得特别厉害。比如诸葛亮和关羽,他们再厉害也终究只是个凡人,但是在《三国演义》里,他们厉害得不行,根本不像一般的人类,更像是圣人,甚至像神仙。

就拿诸葛亮来说,《三国演义》里的诸葛亮和《三国志》这种正史记载的诸葛亮完全不是一回事。比如,我们看《三国演义》,会发现诸葛亮用兵如神,还很擅长跟对手玩心理战。不论是蛮族首领孟获,还是高智商对手周瑜和司马懿,都被诸葛亮耍得团团转。但其实,像诸葛亮七擒孟获、诸葛亮对着司马懿大摆空城计,甚至诸葛亮三气周瑜这些故事,全是《三国演义》虚构的,在真实的历史中是没有发生过的。

在《三国演义》里,诸葛亮不仅是个指挥天才,还是半个神仙,他晚上夜观天象,就能知道天下发生了哪些大事。在赤壁之战的时候,他甚至可以用一介凡人的力量,准确预测天气和风向。其实,这些也都是《三国演义》编出来的。事实上,诸葛亮并没有实际参与赤壁之战。在《三国志》的

《诸葛亮传》里,陈寿对诸葛亮的评价是比较客观的,既有夸他的地方,也有批评他的地方。陈寿觉得,诸葛亮处理政治事务的本领很强,但是他多年来一直在打仗,却没打过几次胜仗,大概是因为他在战场上的应变能力和指挥能力不是很强吧。

所以,《三国演义》当然是一部很棒的小说,但大家不要以为它就是真实的历史。有机会的话,大家一定要看看《三国志》,了解一下真实的三国时代。

> **后汉三,国志四。此四史,最精致。**
>
> 《史记》《汉书》《后汉书》,再加上《三国志》,是"二十四史"里的前四史,这四本史书可以说是编写得最精致的了。

知识卡

83 司马光和《资治通鉴》

先四史,兼证经,参通鉴,约而精。

司马光是怎样的人?

他是怎样带领团队编成《资治通鉴》的?

《资治通鉴》是一部什么样的史书?

大家小时候一定听过司马光砸缸的故事吧。司马光为了救掉进水缸里面的小伙伴,机智地砸开了大缸,把水给放了出来,救下了小伙伴。但话说回来,除了砸缸这件事,大家对司马光还有多少了解呢?

其实,司马光是北宋时一个非常著名的政治家,也是个大历史学家。他花了十九年的时间,带队编成了一部史书,叫作《资治通鉴》。这部史书虽然不在"二十四史"里,但是皇帝亲自支持,由当时最优秀的历史学家团队,参考了"二十四史"中的十几本以及几百种历史资料编写出来的,有点像是一部权威合订版的史书。《三字经》里也有一句话提到了《资治通鉴》:

"先四史,兼证经,参通鉴,约而精。"

意思是说,我们在阅读前四史的时候,要对着经典史书做一些考据和求证,还要参考一下《资治通鉴》,这样才能读得又快又好。

既聪明又勤奋

现在,学校里的老师经常会遇到一些特别聪明但又不太愿意刻苦学习的学生,这时候就会觉得很可惜,因为这些学生要是能在聪明的基础上努力学习的话,肯定能够获得很高的回报。司马光就是这种既聪明又勤奋的人。

宋朝的大学者朱熹就很佩服司马光的这些品质,曾经专门写了一篇文章,来记录司马光小时候是怎么学习的。按照朱熹的记载,司马光小时候总是担心自己背书和回答问题没别人厉害,所以当兄弟们都在学习完开始玩的时候,司马光还一个人留下继续读书,一直读到滚瓜烂熟才会停止。因为司马光把书读得太熟了,所以他小时候读的那些书,一辈子都能记得。

司马光还说过:"书不可不成诵。或在马上,或中夜不寝时,咏其文,思其义,所得多矣。"意思是说,读书不能不读熟背诵,比如在骑马的时候,或者躺在床上睡不着觉的时候,就可以念念书里的文章,想想里面的内容,越想就越有收获。所以,司马光无时无刻不在积累和思考知识,这种学习习惯让他记住了大量的历史资料。他扎实的学问和基本功，为他后来编写《资治通鉴》打下了良好的基础。

从红人到"史官"

当然，司马光的学习习惯还给他带来了更直接的好处：司马光不到二十岁就考中了进士，开始当官了。到了四十多岁的时候，司马光已经成了皇帝身边的心腹大臣，专门负责给皇帝提建议。

司马光在做官的时候，一有空就去做学问。他觉得，之前的史书基本上都是专门记录某个朝代历史的断代史，这样一来，史书又多又杂乱。如果让皇上看这样杂乱的历史，那皇上一时半会儿肯定看不完，也很难从历史中吸取到什么经验教训。

所以，司马光就想自己来编写一部史书，把战国以来的历史全给串起来，这样读者就能一口气把历史给读通、读懂了。在四十七岁的时候，司马光终于把从战国到秦朝的这段历史写完了，然后就献给了当时的皇帝宋英宗。司马光和宋英宗说，这只是个开头，他其实想一直写到宋朝之前的五代时期。

根据史书的记载，当时宋英宗拿到这本书之后，每天一有空就看，特别喜欢，决定支持司马光把这本书给编完。于是，皇帝给司马光拨经费、拨岗位，让司马光专门招募一个编书团队来完成这部书。本来，司马光把这部书叫作《通志》，后来宋神宗觉得意思不够，就把这本书改名叫作《资治通鉴》，意思是这本书可以让皇帝参考历史的经验教训，帮助皇帝来治理国家。

从青年到老年

这样一来，编写《资治通鉴》就不是司马光的私活了，变成了国家支持的重点科研项目。在司马光招募到当时最优秀的历史学家团队之后，这部书的编写速度也大大地加快了。

这个团队编写《资治通鉴》的方法大概是这样的：团队成员会先找一本相对权威的史书作为某一段历史时期的重点参考对象，然后把记载这段历史时期的所有历史资料尽可能找出来。如果对于某个历史事件，不同史料的说法不太一样，编书团队的成员就把这个问题上报给司马光，让司马光来决定该怎么写。

但是，司马光带领团队刚开始编写《资治通鉴》时就发生了一件大事情：宋英宗去世了，他的儿子即位了，也就是宋神宗。

新上台的宋神宗觉得必须改革，就把司马光的老朋友，也是著名的政治家王安石给提拔起来，让他来负责这场改革

运动,这就是历史上有名的"王安石变法"。虽然司马光和王安石是很多年的老朋友了,但是,司马光觉得王安石的改革方案有不少问题,根本行不通,就公开反对王安石的改革措施。在变法的过程中,很多反对王安石改革的人都被贬官了,这让司马光非常生气。最后,司马光索性和宋神宗说,我不想再在朝廷里待着了,我要找个地方安安心心去编写《资治通鉴》。

就这样,司马光离开了京城,带领团队跑到洛阳,在那里专心编写《资治通鉴》,一待就是十五年的时间。

根据《宋史》的记载,就算司马光已经不在京城当官了,宋神宗还是很重视司马光的工作，经常催促他赶紧把书编好（听着有点像是读者在催促作者更新）。在《资治通鉴》编到最后的时候，司马光已经六十多岁了。在古代，活到六十多岁已经是非常长寿了。有一段时间，司马光发现自己说不出话来，觉得自己快要死掉，都留遗书了，但后来他还是坚持了下来，前前后后用十九年的时间，终于编完了《资治通鉴》。

为了方便皇帝阅读，司马光是按照年份来编写的，所以《资治通鉴》是一部编年体通史。《资治通鉴》的内容非常多，从东周的战国时代写起，一直写到五代时期，记载了1362年的历史，一共有三百多万字。《三字经》的作者王应麟也是《资治通鉴》的书迷，对《资治通鉴》有着非常高的评价。他说："自有书契以来，未有如《通鉴》者。"意思是说，自从历史有文字记载开始，还从没有像《资治通鉴》这样的史书呢！

先四史，兼证经，参通鉴，约而精。

我们在阅读前四史的时候，要对着经典史书做一些考据和求证，还要参考一下《资治通鉴》，这样才能读得又快又好。

书不可不成诵。或在马上，或中夜不寝时，咏其文，思其义，所得多矣。

出自朱熹编辑的《三朝名臣言行录》，是司马光的言论。意思是说，书不能不熟读背诵，比如在骑马的时候，或者躺在床上睡不着觉的时候，就可以念念书里的文章，想书里面的内容，越想就越有收获。

84 读历史有什么用?

历代事,全载兹,
载治乱,知兴衰。
读史者,考实录,
通古今,若亲目。

历史剧怕不怕剧透?

为什么"忘记历史就意味着背叛"?

读历史对写作文有帮助吗?

我们从《三字经》原文入手,把中国历史从上古时代到清朝给大家简单地捋了一遍,还给大家讲了《史记》《三国志》《资治通鉴》等记载历史的名著。

可能有人会问上一句:馒头大师,你能不能告诉我,读历史有什么用呢?

这是个好问题。这个问题不光你们在问,古人也会问,而且从古至今,很多人都给出过自己的解释。《三字经》里是这么解释的:

"历代事,全载兹,载治乱,知兴衰。读史者,考实录,通古今,若亲目。"

这两句话的意思就是,历朝历代的事,都记录在这里了,历史记载了各个朝代的太平盛世与动乱局势,知道一个朝代的兴盛和衰落。我们读历史的人，要尽量去翻阅历史的一手资料，了解古往今来事情的前因后果和背后的道理，就好像自己亲眼所见一样。

这段话，点出了学历史的一个重要作用，用四个字来总结，就是"读史明智"。读过去的历史，通晓道理，开阔自己的眼界，提高自己的智慧。

但这样说是不是还有些抽象？

那我再来举一个我自己碰到的例子。其实别说小朋友了，很多大学生乃至已步入社会的成年人也依旧会有这个问题：学历史有什么用？

我前两年收到过一个读者的留言，他是一个理工科的大学生，他说他很喜欢读历史，有时候实在忍不住，会和寝室里的其他三位同学一起讨论一下某个历史事件。但那三位同学不喜欢历史，甚至有时候还会拿他开玩笑："历史这东西，起因、经过、结果都明明白白放在那里了，连个悬念都没有，读它有什么意思呢？"

其实不能说那几位同学说的完全没有道理。就拿我自己来说吧，我平时很喜欢看电影和追电视连续剧，所以我最恨一类人——"剧透党"。比如一部电视剧我才看到第三集，他就跑过来和我说："喔，这个人啊，这个人后来死掉了呀，喏喏喏，就是那个人杀的！"这时候悬念就被打破了，你们说说看，我继续看下去的兴趣是不是就大减了？

但你们想想，看历史剧就不存在这个问题。比如我看一部讲楚汉争霸的电视剧,看到第三集的时候,有个剧透党跑过来说:"喔,项羽啊,项羽后来在乌江边自刎了呀!"这算剧透吗?我觉得不算,因为稍微有点历史知识的人,都知道项羽的人生结局——我们在本书的开始篇章也专门说过项羽这个人。

所以历史剧不存在剧透,因为确实如那个同学的室友所说:起因、经过、结局,你都一清二楚。

那么,读历史有什么用呢?

对现在的你们来说,学历史首先是增长知识,了解过去,尤其是我们国家、民族的过去,要知道我们国家、民族是怎么来的,经历过哪些事情,在全世界范围内的地位经历了怎样的变化。有一句话叫"忘记历史就意味着背叛"。如果我

们连自己国家的历史都不知道，就相当于我们没有自己的根，今后很难在这个社会上有所作为。

在了解本国和本民族历史的基础上，我们可以再了解其他国家、其他民族的历史，乃至整个人类的历史，这样可以进一步丰富我们的知识面，拓宽我们的视野。

当然，必须指出的是，在你们现在这个阶段，学习和记住历史知识是第一要务，因为很多历史知识是你们以前不知道的。

而到了成年人阶段，大家都已经积累了最基本、最常规的历史知识，这时候就会进展到第二阶段：通过读历史，领悟人生的道理，打开自己的格局。

举个例子。比如当你熟读了古今中外人类几千年的历史后，你就会发现：一旦把时间轴拉长，很多事情和道理就会变得很简单，经验和教训很快就能浮出水面，而现在发生的很多事，都能在过去找到相似的影子。在这样的情况下，你对待事物的心态可能就会更平和一些，看待问题可能就会更通透一些。

这段话可能现在的你们看起来似懂非懂，但你们的爸爸妈妈如果也看到这段文字，可能会更有感触一些。

所以，对现在的你们而言，积累历史知识是最重要的，你们学到的这些历史知识，今后一定会在你们的人生道路上起到你们想象不到的作用。

此外，还有一点我觉得也必须指出，那就是哪怕出于功利的目的也应该读历史。你们现在了解很多历史故事和典故，比如通过本书了解了历朝历代那么多人物和故事，那么至少在写作文的时候，会多很多素材和例子。

关于读历史有什么用，这篇文章其实只是开了个头，以后有机会，我们还可以慢慢聊。

我曾经用十二个字来总结读历史有什么用，那就是：

读懂过去，活好当下，坦面未来。

如果你现在一下子理解不了，没关系，未来的时间还很多，路还很长，让我们在读历史这条道路上共勉。

> **历代事，全载兹，载治乱，知兴衰。**
> **读史者，考实录，通古今，若亲目。**
>
> 历朝历代的事，都记录在这里了。历史记载了各个朝代的太平盛世与动乱局势，知道一个朝代的兴盛和衰落。我们读历史的人，要尽量去翻阅历史的一手资料，了解古往今来事情的前因后果和背后的道理，就好像自己亲眼所见一样。

名家篇

85 "儒家学说"的变与不变

汉贾董,及许郑,皆经师,能述圣。

儒家学说是一成不变的吗?
有哪些糟粕已经被淘汰了?
有哪些精华被传承了下来?

我们之前说过,汉武帝采纳了董仲舒的建议,决定"罢黜百家,独尊儒术",所以在汉朝的时候,儒家学说从诸子百家里脱颖而出,成了官方认可的正统学说。对于儒家学说在汉朝时期的发展,《三字经》里是这么说的:

"汉贾董,及许郑,皆经师,能述圣。"

意思是说,在汉朝的时候,出现了很多研究和发展儒家经典学说的大学者,比如贾逵(kuí)、董仲舒、许慎和郑玄。

但我们要知道,汉朝时候的儒家学说,已经和孔子那个时代的儒家学说有很多不同的地方了。汉朝的时候,以董仲舒为代表的学者,吸收了法家、阴阳家等学派的思想内容,让儒家学说适应了统治者的需要。后来,在东汉末年和魏晋时期,那些大儒学家们又用道家的老庄思想来解释儒家学说,给儒家思想加入了点玄学色彩。后来,到了唐宋的时候,像韩愈、朱熹这样的儒学大师为了恢复儒家的绝对正统地位,特别强调封建时代的伦理道德,又给儒家思想加了些新东西。

所以,我们今天所知道的一些儒家传统文化知识,其实和过去儒家学说的某些内容可能是不太一样的。那么,有什么被淘汰掉了,而又有什么被一直保留了下来呢?

我们在前文说过,儒家思想里一些类似"愚忠"和"愚孝"的东西,已经被淘汰了。

什么是愚忠?简单来说,就是不分青红皂白,也不去想做这件事情对不对,完全无条件地服从皇帝的命令。什么是愚孝?愚孝和愚忠的逻辑是差不多的,主要指的是那些违背基本的人情事理,不经过一点儿思考,就强行去孝敬长辈的行为。一般来说,在封建社会里,愚忠和愚孝思想经常是连在一起出现的,而且还挺常见的。

比如,我们经常在古装剧里听到这么一句话:"君要臣死,臣不得不死!"就连四大名著之一的《西游记》里,猪八戒也说过这么一句话:"常言道,君教臣死,臣不死不忠;父教子亡,子不亡不孝。"

我们知道,儒家思想鼓励人们忠诚于自己的国家、孝敬自己的长辈,这听起来好像没什么问题,但儒家思想里忠和孝这两种美德被一些别有用心的人解释得太极端,甚至上纲上线了。

就拿孝顺这种美德来举例,孔子曾经解释说,孝就是

"无违"。意思是所谓孝顺，就是不违背长辈的意愿。但是，如果长辈让子女去犯罪，让子女去死，子女也不能违背吗？这肯定是不对的，这就是愚孝。

但其实孔子又说过另外一句话："子从父，奚子孝？臣从君，奚臣贞？审其所以从之之谓孝、之谓贞也。"意思是说，儿子无条件地听爸爸的话，怎么能说是孝子呢？臣子无条件地听君主的话，怎么能说是忠臣呢？我们必须看他们是在什么样的情况下去听从父亲和君主的命令的，然后才能判断他们是不是孝子或者忠臣。

但是，后来一些儒家学者出于各种目的，只强调孔子说的"无违"，而有意无意忽略孔子的解释。

好在到了今天，我们重新把愚忠和愚孝从所谓的儒家传统文化中剔除了。古代的"二十四孝"，其中有一些故事号称是在孝顺父母，其实是愚孝，我们是不应该去模仿的。比如郭巨为了孝敬母亲，坚决要把自己的孩子给活埋，这就是标准的封建愚孝。现在我们国家的妇联等组织也发布了新版二十四孝的行动标准，删掉了那些封建愚孝的行为，把它们换成了更合理的行为，比如给父母多做做饭，每周不忘打电话，定期带父母做体检，新闻时事常交流，能和父母共锻炼，等等。

除了愚忠愚孝，儒家学说里还有一些具有封建礼教色彩的思想，比如强调尊卑等级秩序，而且形成了男尊女卑的封建观念。这就导致了在古代社会中，男性和女性的地位是不平等的。

比如封建社会要求女性遵守"三从四德"的规范。

儒家经典《周礼》认为妇女需要拥有四种品质。《三字经》里提到的大儒学家郑玄是这么来定义这四种品质的:"妇德谓贞顺,妇言谓辞令,妇容谓婉娩,妇功谓丝枲(xǐ)。"大概的意思是说,女子性格要贞洁温顺,说话要好听,容貌要温婉动人,还得会纺织、会做家务。我们可以看到,这些所谓的美德虽然看起来是在鼓励女子要勤俭持家、维持家庭的和谐,但本质却是在要求女性去服从男性。

而且,这种服从是全方位的,在封建社会里,女性还要遵守"三从"的要求:没有出嫁的姑娘要听从父亲的话;结了婚的女性要听从丈夫的话;丈夫如果去世了,女性也要跟着儿子生活。

在古代,有时候人们会用这种封建伦理道德来逼迫女性守寡,甚至把女性给逼死。而那些完完全全相信这些封建伦理道德的女性,一生都为了父亲、丈夫、儿子生活。虽然她们自己可能意识不到这种生活是有问题的,但我们从现代人的角度可以看到,这些被封建伦理思想洗脑的人,从来没有真正为自己活过,是非常不幸的。这种男尊女卑、重男轻女的观念,也是我们现代社会里正在剔除的封建糟粕。

当然,儒家学说里还是有很多内容经受住了时间的检验,仍然值得我们去学习,去传承。

比如说,儒家经典要求人们控制自己的行为,尽可能用高的道德标准来要求自己。这种思想放在今天也没什么毛病。儒家思想还认为,"君子喻于义,小人喻于利"。当道德观念和利益之间产生冲突的时候,我们要明辨是非,知道什么是好的,什么是坏的,不要为了一点小的利益就去伤害别人,做不道德的事情,这也是值得我们学习的。

儒家思想对我们今天的社会整体观念也有影响,比如我们现在都提倡要建设和谐社会,其实在儒家经典《礼记》里就有类似的论述。《礼记》是这么说的:"大道之行也,天下为公。选贤与能,讲信修睦。"意思是说,当理想的治理国家的方法施行的时候,天下是每个人共同拥有的。在这种理想的大同社会里,我们要选拔那些高尚又能干的人才,还要

讲信用，让人和人之间都能和谐相处。儒家学说里这种关于和谐社会的思想，在今天仍然有着很强的生命力。

儒家学说不仅在中国，在亚洲的不少国家都很有影响力。但我们需要用辩证的方法来看待，而且我们也必须看到的是，任何思想观点如果要留存下来并且保持影响力，就只能与时俱进，而不能一成不变。

儒家学说正是在几千年里一直进化、更新，不断与新时代的要求相契合。

> 汉贾董，及许郑，皆经师，能述圣。
>
> 在汉朝的时候，出现了很多研究和发展儒家经典学说的大学者，比如贾逵、董仲舒、许慎和郑玄。
>
> 子从父，奚子孝？臣从君，奚臣贞？
> 审其所以从之之谓孝、之谓贞也。
>
> 出自《荀子》，是荀子记录的孔子的言论。意思是说，儿子无条件地听爸爸的话，怎么能说是孝子呢？臣子无条件地听君主的话，怎么能说是忠臣呢？我们必须看他们是在什么

知识卡

样的情况下去听从父亲和君主的命令的，然后才能判断他们是不是孝子或者忠臣。

大道之行也，天下为公。选贤与能，讲信修睦。

出自《礼记》。意思是说，当理想的治理国家的方法施行的时候，天下是每个人共同拥有的。在这种理想的大同社会里，我们要选拔那些高尚又能干的人才，还要讲信用，让人和人能和谐相处。

86 "格物致知"和"知行合一"

> 宋周程，张朱陆，明王氏，皆道学。
>
> 什么是"气学"？
> 什么是"天理"？
> 怎么理解"格物致知"和"知行合一"？

上一篇我们说，几千年来儒家学说不断地进化。其中，儒学在宋朝和明朝的时候，得到了很大的发展，出现了很多有名的儒学家。当时，有的儒学家为了强调儒家的正统地位，把儒家经典道义的传播历史整理成了一个系统，这就是儒家的"道统"。这些儒学家也因此被人叫作"道学家"。

《三字经》里专门用一句话来介绍这些道学家：

"宋周程，张朱陆，明王氏，皆道学。"

意思是说，宋朝的周敦颐、程颢、程颐、张载、朱熹和陆九渊，以及明朝的王守仁，都是传播儒家思想的道学家。

如果你对古希腊哲学有所了解，你就会知道，当时很多有名的古希腊哲学家都在思考一个问题：组成我们世界的本原究竟是什么？是水，是火，还是数字？而《三字经》里提到的这些道学家，他们虽然各有各的观点，但也有一个共同点，那就是都想要知道这个世界的本质是什么，关于这个世界的原则是什么。

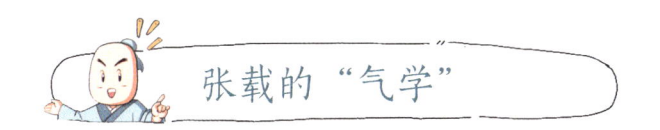

张载的"气学"

先来说说张载。

他在阅读《孟子》这本书的时候，读到了这样一段话。

有人问孟子："你有什么特长啊？"

孟子说："我比较善于培养我的浩然之气。"

这个人追问说："那你说说看，啥是浩然之气呢？"

孟子说："这很难说得清楚啊！这种浩然之气，是最宏大、最刚强的东西，我们必须用正义来培养它，不能用邪恶去伤害它，这样才能让天地间都充满这股浩然之气。"

张载一看，孟子说的这种浩然之气，听起来真是高端大气上档次，而且他觉得这种由仁义道德来培养的正义之气，应该是这个世界的重要组成部分才对。所以，张载就开创了一个学说——"气学"。

按照张载的解释，虽然这个世界的万物都是看得见的，但这个世界更核心的东西我们的肉眼是看不见的，那就是"气"。从张载的理论我们也能看出来，他在试着用儒家学说提到的概念来解释这个世界是怎么产生的，又是由哪些部分组成的。

周敦颐的"理学"

除张载的"气学",宋朝的儒学家周敦颐提出了一个更有名的理论,叫作"理学"。

而自他以后,那些研究理学的儒学家,就被叫作理学家,《三字经》里提到的周敦颐、程颢、程颐、朱熹都是著名的理学家。

理学家们也想解释这个世界。按照他们的理论,这个世界最核心的东西叫"天理"。有了天理,然后才有了万事万物。

比如朱熹曾经说过这样一番话:"未有天地之先,毕竟也只是理。有此理,便有此天地;若无此理,便亦无天地,无人无物,都无该载了!"意思是说,在没有天地万物的时候,只存在一种叫"理"的规律道理,有了"理",才有了这个天地宇宙,如果没有"理",那也就没有这个天地宇宙,也就不会有什么人类和万物了。

所以,按照理学家们的说法,天理是无处不在的,比如程颢、程颐曾经说:"人伦者,天理也。"人的纲常伦理,就是天理的一种体现。不只是人的伦理,不论是自然万物运动和变化的规律,还是社会的秩序、人的性情,都体现着"天理"。

朱熹的"格物致知"

那么,人们应该怎么去认识和掌握这种"天理"呢?有的理学家觉得,这就需要去"格物致知"。

所谓"格物致知",简单来说,就是你仔细去观察和研究某个东西,通过这种方式来获取知识。"格物致知"这个词最早出现在《礼记》的《大学》这篇文章里,在朱熹这样的宋朝理学家眼里,格物致知是认识这个世界的基本方法。

朱熹曾经说过:"人若逐日无事,有见成饭吃,用半日静坐,半日读书。如此一二年,何患不进?"意思是说,人如果没什么事情,衣食无忧,每天用半天的时间静静地坐着去思考问题,用半天的时间来读书,这样坚持个一两年,怎么会不进步呢?从这句话,我们能看到,朱熹会通过静坐、冥想和读书这些办法来格物致知,思考世界的道理。

小学语文课本里有朱熹的一首诗,叫《观书有感》:"半亩方塘一鉴开,天光云影共徘徊。问渠那得清如许?为有源头活水来。"在这首诗里,朱熹把书本比作一个池塘,他能够通过读书来看到世界上的"天光云影"、万事万物。朱熹通过读书还发现了一个道理:怎样才能让人的思想像水那样清澈呢?那就要源源不断地往我们的头脑里输入最新鲜的知识才行啊。《观书有感》这首诗就是朱熹推崇"格物致知"的一个例子。

在朱熹那个时代，还有一个叫陆九渊的儒学家，他不太同意朱熹的观点。陆九渊曾经说过这样一句话："宇宙便是吾心，吾心即是宇宙。"他觉得，这个世界的道理不在外面，而是在我们的心中。所以，陆九渊的观点被叫作"心学"。陆九渊和朱熹专门为了这些问题搞过好几次学术辩论会，这些辩论也谈不上谁输谁赢，他们在辩论会上的精彩发言，让他们的学术观点得到了广泛的传播。

王守仁的"知行合一"

几百年过去了，时间来到了明朝。

有一个叫王守仁的小伙子读到了朱熹的观点，他想要通过格物致知，仔细研究身边的东西，知道世界的道理。王守仁找了个好朋友，和他一起去格物致知。按照朱熹的说法，万事万物都蕴含着天理，所以他们四处一看，看到亭子前面有几棵竹子，就决定先从竹子开始观察，思考一下竹子里包含着哪些道理。王守仁的这个朋友先去观察竹子，观察了三天三夜，不但没有观察出什么道理，还把自己给累病了。王守仁心想，朱熹说的难道是错的？不行，我得亲自去试一试！

于是，王守仁也跑到竹子前面，从早上看到晚上，一连看了七天，结果也累得病倒了，还是没有看出什么道理来。

经过这件事,王守仁就觉得,朱熹的想法好像有点问题,我们单纯去观察和研究身边的东西,其实是很难直接领悟到天地万物的道理的。王守仁观察竹子的这个故事,在历史上变成了一个典故,叫"守仁格竹"。

那怎么办?王守仁继承了陆九渊的"心学"思想,他觉得,我们还是得从我们自己的心里面,去发现世间的道理。王守仁认为,"心外无物,心外无理",万事万物的道理其实就藏在我们的心中,我们要做的是探究自己的内心世界,寻找自己心中那美好的良知。

当然,王守仁也表示,光找到自己的良知是不够的,还得用实际行动来体现自己的良知。王守仁提出的这种行动和良知结合在一起的思想观念,叫作"知行合一"。

看了这些古人的观点,你们比较认同谁呢?你们觉得这个世界的规律和道理,是蕴含在外界的万事万物里,还是藏在我们自己的心中呢?

知识卡

宋周程,张朱陆,明王氏,皆道学。

宋朝的周敦颐、程颢、程颐、张载、朱熹和陆九渊,以及明朝的王守仁,都是传播儒家思想的道学家。

未有天地之先,毕竟也只是理。
有此理,便有此天地;若无此理,
便亦无天地,无人无物,都无该载了!

出自宋朝学者朱熹与其弟子的问答语录《朱子语类》。意思是说,在没有天地万物的时候,只存在一种叫"理"的规律道理,有了"理",才有了这个天地宇宙,如果没有"理",那也就没有这个天地宇宙,也就不会有什么人类和万物了。

人若逐日无事，有见成饭吃，
用半日静坐，半日读书。
如此一二年，何患不进？

出自《朱子语类》。意思是说，人如果没什么事情，衣食无忧，每天用半天的时间静静地坐着去思考问题，用半天的时间来读书，这样坚持个一两年，怎么会不进步呢？

半亩方塘一鉴开，天光云影共徘徊。
问渠那得清如许？为有源头活水来。

朱熹的诗《观书有感》。大意是，半亩大的池塘像一面镜子一样展现在我们眼前，天空和云的影子都在镜子一样的池塘里晃动。要问这池塘为什么会这么清澈，那是因为它的源头有活水正不断地输入进来。在这首诗里，朱熹把书本比作一个池塘，他能够通过读书来看到世界上的"天光云影"、万事万物。朱熹通过读书还发现了一个道理：怎样才能让人的思想像水那样清澈呢？那就要源源不断地往头脑里输入最新鲜的知识才行。

名家篇

87 屈原：众人皆醉我独醒

屈原赋，本风人，逮邹枚，暨卿云。

屈原的一生是怎样的？

"风骚"到底是什么意思？

屈原为什么会把自己比作"美人"？

农历五月初五，是中国的传统节日端午节。端午节有很多典故，其中最著名的就是关于大文学家屈原的故事。传说，屈原遭到了小人的陷害被流放了，他深感政治腐败，自己的政治理想无法实现，所以在五月初五这天，跳到江水里自杀了。当地的老百姓听说了这件事以后，立刻划着船来救他，但是没救到人。老百姓们害怕河里面的鱼吃掉屈原的尸体，就用竹筒盛米扔到河里喂鱼，来保护屈原的尸体。

后来有一种说法就是，为了纪念屈原，五月初五这天就成了端午节，老百姓们划船救屈原、往水里扔米的事情，就变成了端午节赛龙舟、吃粽子的习俗。虽然这个故事只是一个传说，但千百年来它让中国人都记住了大文学家屈原的名字。

《三字经》里也介绍了屈原的文学成就：

"屈原赋,本风人,逮邹枚,暨卿云。"

意思是说,屈原是一位大文学家,很擅长写辞赋。他出生在战国时期的楚国,所以他的辞赋也叫作楚辞,代表着楚国当地的文学风格。后来,汉朝的邹阳、枚乘、司马相如、扬雄都受到了屈原的影响,成了擅长写辞赋的文学家。

汉语中有一个词叫"风骚"。风指的是《诗经》里的《国风》,骚指的就是屈原写的《离骚》,所以风骚这个词最开始就是文学的意思。毛主席曾经在《沁园春·雪》中写道:"唐宗宋祖,稍逊风骚。"意思是说,唐太宗、宋太祖这样的开国皇帝,虽然很有本事,但是文学才能就不够高了。相对来说,毛主席对屈原的评价非常高,他专门写过一首叫《七绝·屈原》的诗,说"屈子当年赋楚骚",赞扬了屈原的文学成就。

屈原的身世

按照司马迁在《史记》里的记载,屈原名"平"。

屈原跟楚国的王族是同姓的,是楚国的大贵族。因为这种身份,屈原自然而然当上了官。当时的楚王是楚怀王,屈原就辅佐楚怀王,帮助他治理国家,接待使者和宾客。

一开始,楚怀王是非常信任屈原的,但是,当时楚国大臣上官大夫很嫉妒屈原的才能,也很羡慕屈原能够得到楚怀王的偏爱和信任,一心想要跟楚怀王说屈原的坏话。有一次,楚怀王让屈原去制定一个法令，这个上官大夫就找到楚怀王说："大王让屈原去制定法令，结果屈原每次把法令制定好之后，都会炫耀说：'这件事除了我，没人能做到！'"楚怀王一听，觉得"屈原原来这么自大，根本没把我这个王放在眼里嘛"，就疏远了屈原，罢免了他的官职，让他去做三闾大夫了。三闾大夫是一个专门掌管王族宗族事务的官职，比如安排祭祀的事情，或者安排楚国王族宗族子弟的上学事宜，权力比较小，是一个比较虚的官职。

这件事对屈原造成了很大的伤害。当然，楚怀王这种偏听偏信、分不清是非对错的缺点不仅害了别人，也害了自己，甚至害了整个楚国。当时，楚国的敌人秦国邀请楚怀王过去见面。楚怀王正要去的时候，屈原跑出来说："秦国就像老虎和豺狼一样，大王不能相信他们的话啊，还是别去了！"楚怀王不愿意听屈原的话，还是去和秦国人见面了。结果楚怀王刚一过去，就被秦国给扣押了，最后死在了秦国，再也没有回到楚国。

这件事情让屈原感觉更加伤心。但这还没完，新任的楚王又听信了别人的坏话，直接把屈原从宫廷里赶了出去，流放到了江南。屈原一心为楚王着想，一直坚持说真话，结果却落得个被流放的下场。不论是谁遭遇这种事情都会很郁闷。但是，屈原作为一个大文学家，他不是只在那里唉声叹气，而是把自己的理想，以及自己的郁闷和愤怒写进了文学作品。

屈原的作品

屈原这一生,一共留下了二十多篇作品,有的作品是在讲述楚国这个地方的神话传说故事,有的作品在倾诉他受到的不公正的对待,表达他内心的感受,抒发理想和志向。

在屈原的这些作品中,最有名的一篇叫《离骚》,有两千多个字。虽然学者们也没办法确定《离骚》到底是屈原在什么时候完成的,但包括司马迁在内的大部分人都觉得,这是屈原在被流放之后的作品。在《离骚》这篇作品里,屈原先是介绍了自己的身世遭遇,并且表达了自己身上肩负着的理想和使命感;然后,屈原又在诗句中控诉楚国黑暗的政治环境,表明自己的理想抱负。

曾经有一首歌里有这样一句歌词,"人生已经如此地艰难,有些事情就不要拆穿",这句歌词后来变成了网络流行语"人艰不拆"。其实这句歌词有可能借鉴了《离骚》里面的典故。《离骚》里有这样一句话:"长太息以掩涕兮,哀民生之多艰!"意思是说,我擦着眼泪长长地叹息啊,我哀叹人们的生活是如此艰难!这句话既写出了屈原对老百姓的同情,也写出了屈原对自己艰难生活的伤心感慨。我们还能看出,《离骚》里的诗句,充满了屈原的真情实感,很多字句都带着屈原的血泪。

除了情感非常充实,《离骚》还有一个特点,那就是经常用比喻和象征的修辞手法。屈原非常喜欢把自己美好的德行比作气味芬芳的香草，也喜欢把拥有高尚品质的自己比作美人，所以，人们把《离骚》中屈原对自己的比喻，总结成了一个成语，叫"香草美人"，指的就是屈原的这种忠君爱国的思想品质。

比如《离骚》里面有这么一句话："众女嫉余之蛾眉兮，谣诼（zhuó）谓余以善淫。"意思是说，那些女人妒忌我美好的容貌，就造谣说我妖艳不雅。在这句诗里，屈原把那些说他坏话的大臣比作妒忌心很强的女人，把自己比作一个拥有美好容貌的女子。

屈原的这种想法和我们现代人是不太一样的，他明明是个男性，为什么会把自己比作美人呢？有一种观点认为，在古代，人和人之间是不平等的，君王拥有绝对的权力，所以君王和大臣之间的关系确实有点像君王和妃嫔之间的关系。所以，屈原才会把自己和别的大臣比作君王身边的女人们。另外，在古代，女子的地位比较低，没办法抛头露面，也很难主动向别人表达自己的心意。所以，在屈原的影响下，中国古代很多怀才不遇的大诗人，都曾经把自己比喻成美人。比如曹操的儿子、很有才华的大文学家曹植，就曾经写过一首叫《美女篇》的长诗，这首诗表面上写的是美女找不到心仪的对象，其实写的是曹植自己的志向没办法实现，所以就像找不到对象的美女一样，一夜一夜地叹息。

屈原的遗憾

屈原曾经在《渔父》这篇文章里，记录过自己和一个渔翁聊天的故事。

故事说，有一天在流放的地方，屈原面容憔悴，走在江水边，这时看到了一个渔翁。渔翁看到屈原，就问他："哎哟，这不是三闾大夫吗？怎么会落到这步田地？"

屈原说："举世皆浊我独清，众人皆醉我独醒，是以见放。"意思是说，整个世界都很浑浊，只有我清白，所有人都像喝醉了一样，只有我清醒，所以我才被流放了啊！

渔翁说，你屈原为什么不能随大流呢？何必非要怀抱着玉石那样美好的品质，让自己遭到这样的不幸呢？

屈原回答说："我宁愿跳进湘江，葬身在鱼肚子里，也不愿意让自己美好的品质被这个世界污染！"

估计这个渔翁也是个隐居的高人。他笑了笑，划着船走了，只留下这样的歌声："沧浪之水清兮，可以濯吾缨；沧浪之水浊兮，可以濯吾足。"意思是说：这世间的水清澈的时候，我就用它来洗我帽子的带子；这世间的水浑浊的时候，我就用它来洗脚。

这个渔翁虽然也没办法融入这个浑浊的世界，但是他能够和这个世界和谐相处。可是，屈原觉得，在这样污浊的世界里，他宁愿死，也不能被这个世界污染。就这样，屈原在被流放的地方，抱着石头跳进了汨罗江，自杀了。

虽然屈原去世了，但是他留下的文学作品对整个中国文学史都产生了非常重要的影响。后来，人们把屈原和他的学生以及模仿者们的作品收集起来，称作"楚辞"。到了汉朝，楚辞发展出了一种新的文学形式，因为这种形式和屈原的《离骚》还是有点相似的，所以被叫作"骚体赋"。再后来，汉朝的大文学家枚乘、司马相如、扬雄等人又把骚体赋发展成了汉朝的大赋。

这也是为什么《三字经》里把枚乘、司马相如、扬雄这些人和屈原联系在一起。

屈原赋，本风人，逮邹枚，暨卿云。

屈原是一位大文学家，很擅长写辞赋。他出生在战国时期的楚国，所以他的辞赋也叫作楚辞，代表着楚国当地的文学风格。后来，汉朝的邹阳、枚乘、司马相如、扬雄都受到了屈原的影响，成了擅长写辞赋的文学家。

长太息以掩涕兮，哀民生之多艰！

出自屈原的《离骚》。意思是说，我擦着眼泪长长地叹息啊，我哀叹人们的生活是如此艰难！

香草美人

在《离骚》中，屈原喜欢把自己美好的德行比作气味芬芳的香草，也喜欢把拥有高尚品质的自己比作美人，所以，人们把《离骚》中屈原对自己的比喻，总结成了成语"香草美人"，用以指屈原的这种忠君爱国的思想品质。

众女嫉余之蛾眉兮，谣诼谓余以善淫。

出自屈原的《离骚》。意思是说，那些女人妒忌我美好的容貌，就造谣说我妖艳不雅。在这一句里，屈原把那些说他坏话的大臣比作妒忌心很强的女人，把自己比作一个拥有美好容貌的女子。

举世皆浊我独清，众人皆醉我独醒，是以见放。

出自《楚辞》中的名篇《渔父》，一般认为是屈原所作。意思是，整个世界都很浑浊，只有我清白，所有人都像喝醉了一样，只有我清醒，所以我才被流放了啊！

沧浪之水清兮，可以濯吾缨；
沧浪之水浊兮，可以濯吾足。

出自《渔父》。这句话是与屈原对话的渔翁说的，意思是：这世间的水清澈的时候，我就用它来洗我帽子的带子；这世间的水浑浊的时候，我就用它来洗脚。

88 他们竟然都是好朋友？

韩愈和柳宗元是什么样的朋友？

李白和杜甫之间发生过哪些故事？

韩与柳，并文雄；李若杜，为诗宗。

我们都知道，唐朝是一个无论经济和文化都非常繁荣的朝代。唐朝不仅有很多优美的唐诗，还有很多非常好的文章。《三字经》是这么介绍唐朝时的文学情况的：

"韩与柳，并文雄；李若杜，为诗宗。"

意思是说，唐朝的韩愈和柳宗元都是擅长写散文的文学大师，李白和杜甫是诗歌界的宗师。

虽然现在看来，这些古人的名字好像冷冰冰的，距离我们非常遥远，但如果我们仔细研究历史，会发现，这些文学大师其实是一群有血有肉、很有个性的人。而且有意思的是，很多同时代的文学家都相互认识，比如《三字经》里提到的李白和杜甫，韩愈和柳宗元，都是一起玩耍、一起写诗、一起讨论问题的好朋友。

李白和杜甫

我们都知道,李白被人们叫作"诗仙",他的诗歌很浪漫,充满理想主义色彩,让人感觉他的心态非常年轻。杜甫被人们叫作"诗圣",其作品有"诗史"之称,他大部分的诗歌看起来都非常沉重,让人下意识感觉杜甫的形象就像语文书里的插图画的那样,是个沧桑的老头。

但其实,李白比杜甫要大十几岁呢!而且,和李白一起玩耍的时候,杜甫还比较年轻,一点儿也不沧桑——在李白面前,杜甫简直像个"小迷弟"。

在李白四十多岁的时候,当时的皇帝唐玄宗听说李白的才华非常高,就叫李白到宫里面给自己写诗。在这段时间,李白写出了很多千古名句,皇帝看了都说好。但李白是个非常洒脱的人,不愿意遵守宫里那套无聊的规矩。当时,皇宫里有一个叫高力士的太监,唐玄宗非常信任高力士,给了他很大的权力,文武百官都想巴结他。但对李白来说,管你是大官还是大太监,都不放在眼里。有一天李白喝醉了酒,竟然伸出脚,让大太监高力士给自己脱掉靴子,这就是著名的"力士脱靴"典故。

因为李白在宫里面实在太自由散漫了,很多人都跟唐玄宗吐槽李白,说李白的坏话。所以,不到两年的时间,唐玄宗就开始讨厌李白了。他给了李白一点儿钱,让他离开皇宫。

离开了京城长安，李白感觉有点儿失落，他漫无目的地到处游荡，来到了洛阳城。当时，三十岁出头的杜甫正好也住在洛阳，就这样，李白和杜甫相遇了。这个时候，李白早就已经名满天下了，而杜甫只是略有名气，并且两个人还差了十几岁，但两人一见如故，玩得非常开心。在李白准备离开洛阳的时候，两个人都觉得还没玩够，就约定，等到秋天两个人再见面，一起出去游历。杜甫写了一首诗送给李白，诗的最后一句说："亦有梁宋游，方期拾瑶草。"意思是说，我们回头去梁、宋（今河南开封、商丘地区）那里旅游，一起脱离尘世的束缚，采摘天地间的仙草。

公元744年的秋天，李白和杜甫按照约定，一起来到了今开封、商丘这一带旅游。他们一边看风景，一边讨论文学，一边谈论国家大事。但美好的日子总是短暂的，到了这年的冬天，李白和杜甫又分开了，李白要去山东那边拜访道士，杜甫也要回家去。

对杜甫来说，和李白一起旅游实在是太开心了，所以，到了第二年，也就是公元745年，杜甫又跑到山东找李白一起玩了。李白和杜甫在山东游山玩水，到处拜访世外高人。当时李白和杜甫的关系好到什么程度呢？杜甫在诗里面写："醉眠秋共被，携手日同行。"意思是说，两个人喝醉了酒就盖着同一床被子睡觉，白天也要手拉着手一起走路。

在公元745年的秋天，李白和杜甫再一次分别了。李白在写给杜甫的离别诗里伤心地说："飞蓬各自远，且尽手中杯。"意思是说，既然我们就要像空中的蓬草那样各自远行了，不如就把手中的这杯酒给喝完吧！但李白和杜甫两个人当时都没有想到，这次分别就是永别，之后两个人出于各种各样的原因，再也没有见过面，只能相互写信了。

和李白分别之后，杜甫一直很想念李白。他在《春日忆李白》这首诗里写："何时一樽酒，重与细论文。"意思是说，我什么时候才能再和李白一起喝酒，一起慢慢地讨论文学呢？杜甫不但在白天的时候想李白，就连睡觉的时候也经常梦见李白。他在《梦李白二首·其一》里面写了这样一句："故人入我梦，明我长相忆。"意思是说，老朋友李白啊，你

来到了我的梦里,估计是因为你知道我一直在想念你。

虽然李白和杜甫相处的时间不算很长,但是他们的友谊却非常持久。比友谊更持久的,是他们留下来的文学作品。李白和杜甫的作品代表着唐诗的巅峰水平,所以后来人们提起李白总是想到杜甫,提起杜甫也会想到李白,并把两人合称"李杜"。李白和杜甫影响了唐朝的很多文学家,比如韩愈就写过这样一句诗:"李杜文章在,光焰万丈长。"意思是说,李白和杜甫的文学作品就像万丈光芒一样照耀着文学的历史。

韩愈和柳宗元

韩愈是唐朝中期一位非常重要的文学家,当时,很多著名的诗人、文学家都是韩愈的学生或者朋友。

在文学领域里,韩愈是唐代古文运动的倡导者。韩愈认为当时的文人墨客写的文章不太好,太过于讲究形式了,没什么实实在在的内容和道理。所以,韩愈就希望大家能够向春秋战国和汉朝的那些散文学习,在文章里把事情和道理说清楚。因为春秋战国和汉朝的文章在唐朝人眼里也算是古文了,所以这场发生在文学领域的变革运动就被叫作"古文运动"。在唐朝的这场古文运动里,还有一个文学家对韩愈的文学观念非常支持,他叫柳宗元。所以,后人把韩愈和柳宗元都列进了"唐宋八大家"。

韩愈和柳宗元的关系没有李白和杜甫那么亲密。也许主要是因为李白和杜甫都是诗人,两个人虽然都曾经接近过皇帝,接近过权力中心,但都没有泡在官场里。大部分时候,李白都像是个无业游民,时间上比较自由,所以能经常去找朋友们玩。

但韩愈和柳宗元不仅是文学家,还是政治家,他们绝大部分的时间都在做官,有政治身份,他们的政治观念还有冲突。另外,在绝大部分时间里,韩愈和柳宗元都不在同一个地方当官,又不能轻易离开自己的岗位,两个人见面的机会也很少。所以,他们两个没办法像李白和杜甫那样,完全凭着兴致来当朋友。

韩愈和柳宗元虽然不会像李白和杜甫那样手拉着手一起讨论文学,但是他们都关心着彼此的文学创作,并且经常用隔空喊话的方式来交流文学。比如,韩愈曾经写过一篇文章《师说》,讲的是老师为什么这么重要,我们为什么要跟着老师来学习知识。当时,很多人都觉得韩愈的这篇文章写得很可笑,因为孟子曾经说过:"人之患,在好为人师。"意思是说,人和人相处时候的毛病,就是喜欢做别人的老师。这个时候,柳宗元对韩愈的想法非常支持,他觉得韩愈能够无视他人的嘲笑和侮辱,坚持去表达自己的想法,努力去做正确的事情,这是非常勇敢的。

虽然韩愈和柳宗元很少见面,但是他们会一起讨论各种哲学问题。比如韩愈和柳宗元曾经为了天和人之间的关系辩论过好几次,当时的大文学家刘禹锡也跟着他俩一起辩论。在韩愈去世后,刘禹锡在祭奠韩愈的文章里说:"韩愈比较擅长写文章,我比较擅长发表议论,我们两个相互辩论,有来有回。在这个过程中,柳宗元就夹在我们两个的观点中间,发表自己的观点。"

柳宗元只活了四十多岁就去世了,韩愈非常伤心,写了好几篇文章来悼念柳宗元。在文章里,韩愈说:"柳宗元啊,你看得起我,所以才把死后的事情托付给了我。我怎么敢忘记你的嘱托呢?"柳宗元在临死的时候,向韩愈托孤,从中也能看出韩愈和柳宗元之间的深厚友情。

知识卡

韩与柳,并文雄;李若杜,为诗宗。

唐朝的韩愈和柳宗元都是擅长写散文的文学大师,李白和杜甫是诗歌界的宗师。

亦有梁宋游,方期拾瑶草。

出自杜甫的《赠李白》。意思是说,我们回头去梁、宋(今开封、商丘一带)那里旅游,一起脱离尘世的束缚,采摘天地间的仙草。

醉眠秋共被,携手日同行。

出自杜甫的《与李十二白同寻范十隐居》。意思是说,两个人喝醉了就盖着同一床被子睡觉,白天也要手拉着手一起走路。

飞蓬各自远,且尽手中杯。

出自李白的《鲁郡东石门送杜二甫》。意思是说,既然我们就要像空中的蓬草那样各自远行了,不如就把手中的这杯酒给喝完吧!

何时一樽酒,重与细论文。

出自杜甫的《春日忆李白》。意思是说,我什么时候才能再和李白一起喝酒,一起慢慢地讨论文学呢?

故人入我梦,明我长相忆。

出自杜甫的《梦李白二首·其一》。意思是说,老朋友李白啊,你来到了我的梦里,估计是因为你知道我一直在想念你。

李杜文章在，光焰万丈长。

出自韩愈的《调张籍》。意思是，李白和杜甫的文学作品就像万丈光芒一样照耀着文学的历史。

人之患，在好为人师。

出自《孟子》。意思是说，人和人相处时的毛病，就是喜欢做别人的老师。

89 如果穿越,你听得懂古人的话吗?

古代的人是不是讲普通话?
他们讲的话我们听得懂吗?
有些诗词里的字为什么要那么读?

凡学者,宜兼通,翼圣教,振民风。口而诵,心而惟,朝于斯,夕于斯。

鲁迅在《从百草园到三味书屋》这篇文章里,回忆了这样一个故事。当年他去私塾里学习的时候,老师每天都让学生们一遍一遍地朗诵古文,自己也跟着学生一起朗诵。每次,学生们都读完了,老师还在那里非常投入地念着文章,念的时候脸上挂着微笑,还要把头仰起来,摇着,向后面拗过去,拗过去。

不只是过去的教书先生很重视朗读,在现在的学校里,老师也会经常让我们朗读课文,因为我们在朗读的时候,能够注意到文章或者诗歌本来的节奏,感受到文字被读出声之后的音韵美感。在《三字经》里有这样的话:

"凡学者,宜兼通,翼圣教,振民风。口而诵,心而惟,朝于斯,夕于斯。"

意思是说,所有读书人,最好都要去学习经史子集各个类别的知识，这样才能继承和发展儒家文化里优秀的部分，提高个人素质。在学习的时候，我们要一边用嘴巴读出声来，一边用心思考，早上起床后要这样做，晚上也要这么学习。

但是大家有没有想过一个问题：我们平时朗读古诗和文言文，那些字的读音真的和古人最初读的完全一样吗？

如果穿越到秦朝

按照语言学界的主流观点，古代汉语的语音发生过几次重大的演变，主要可以分为三个历史时期，分别是上古音阶段、中古音阶段和近代音阶段。

最开始的汉语读音，叫作上古音，主要指的是先秦和汉朝这段时间的汉语读音。在上古音里，最有代表性的文学作品是《诗经》。除了《诗经》，像先秦时候的《离骚》这样的文学作品，以及汉朝时候的《史记》和诗歌辞赋，其字音应该都是上古音。因为上古音对应的时代离我们实在太久远了，当时又没有录音机，也没有特别精确的记录读音的工具书，所以在今天，就算是最厉害的语言学家也没法说自己就完全掌握了上古音。学者们只能通过各种各样的手段，来推测某个字在上古时代怎么念。

有一段时间，市面上出现过很多穿越题材的影视剧，比如胡歌主演的电视剧《神话》，说的是一个现代人穿越到了秦朝，不但遇到了爱情，还见到了秦始皇，变成了秦朝的大将军蒙毅。

在这部电视剧里，胡歌所演的角色能够流畅地跟秦朝人对话，这其实是不现实的。如果我们听一听那些学者推测出来的读音就会发现，上古时候的汉语和我们今天说的话差别特别大。比如，我们现在是不会像俄罗斯人那样用大舌音来说话的，但是在两三千年前，中国话里很有可能经常出现大舌音。所以我们如果穿越到了秦朝，八成会发现，秦朝人说的话我们完全听不懂，我们说的人家也听不懂，我们只能大眼瞪小眼，用手比画着交流。

如果穿越到唐宋

在汉朝灭亡后，出现了三国和晋朝这样一段比较混乱的

历史时期。有学者认为，在这段时间里，天下出现了几个不同的政治文化中心，所以汉语的读音也开始出现变化，从上古音阶段转到了中古音阶段。

后来从南北朝到唐朝、宋朝这段时间，汉语的读音是用所谓中古音来读的。因为相对来说，唐朝、宋朝距现在没有特别久远。而且，隋唐时已经有语言学家完成了《切韵》和《唐韵》这样的著作，用来记录当时汉字的读音，所以和上古音相比，汉字在这段时期的念法，还是比较容易确定的。

我们在语文书上的古诗文里，就能学到一些字的古代读音。比如唐朝诗人杜牧的《山行》里有这么一句："远上寒山石径斜，白云生处有人家。"学者们认为，这里的"斜"字在古时候不念xié，而是念xiá。而且，大家念一念就会发现，"斜"这个字如果念xié，就没办法和后半句的最后一个字"家"押韵了。类似的情况还有很多，比如唐朝孟浩然的《回乡偶书》里面有这么一句："少小离家老大回，乡音无改鬓毛衰。"这句诗里面，"回"字和"衰"字好像也不够押韵，但是，在古时候，"衰"这个字是可以读作cuī的。

宋朝灭亡之后的元明清时代，汉语的读音发展到了近代音阶段，这个时候汉语的读音是比较接近我们现代汉语的读音的。所以，如果我们像电视剧里那样穿越到了清朝，而不是穿越到了秦朝，我们应该还是可以和当时的人顺利地对话的。

方言周圈论

那些语言学家主要通过什么方法来推断古代汉语的读音呢?

在语言学里,有一个理论叫"方言周圈论"。这个理论听起来很高大上,其实很简单。大家想,每一种语言或者方言,都有一个中心地区,这个区域里面的人是这种语言的创造者,也是这种语言最早的使用者。如果这个区域的文化影响力足够强大,那么这里的语言就会像水面上一圈又一圈的波纹那样,朝着四面八方传播。比如说,在商周时期,当时的标准普通话叫作"雅言",就是今天洛阳这一带的中原地区的语言,因为当时洛阳是政治中心。当时中原周围的地方的人们就要学习雅言,所以这个时候的汉语就像水波纹那样,从中原向着四面八方传播了。

可是,当这种语言被传播到了边远地方之后,在这种语言的中心区域里,那些最开始的语言使用者,很有可能已经把这种语言发展到下一个阶段了。比如,当中原地区在周朝时使用的汉语读音,花了好几百年,好不容易传播到南方一些偏远山区里的时候,可能中原地区已经在使用汉朝的新读音了。

这造成的后果就是:距离中原地区越远的地方,那里的人使用的汉语语言就越古老,更容易保留一些原始的汉语读音。这就是"方言周圈论"反映出来的情况。

所以，我们今天还是能从一些远离中原的地方方言里发现古代汉语的读音，比如江浙沪地区的吴语方言、广东地区的粤语方言、湖南地区的湘语方言，它们都保留着一些古代汉语的读音。而且，因为日本在隋唐时期派了很多使者来中国学习先进的文化，其中就包括汉语文化，所以，也有少数日语的读音和古时候的汉语读音差不多。很多时候，语言学家会通过比较和分析某些方言的读音，来推测古代汉语的读音。

网上其实有不少用古代汉语读诗歌和文言文的，你们有兴趣可以去听一听。同学们如果了解自己所在地区的方言，也可以来对比一下，你家乡的方言中，是不是也有一些字的读音比较接近它们在古时候的读音。

知识卡

凡学者，宜兼通，翼圣教，振民风。
口而诵，心而惟，朝于斯，夕于斯。

所有读书人，最好都要去学习经史子集各个类别的知识，这样才能继承和发展儒家文化里优秀的部分，提高个人的素质。在学习的时候，我们要一边用嘴巴读出声来，一边用心去思考，早上起床后要这样做，晚上也要这么学习。

90 孔子的老师是谁？

昔仲尼，师项橐。
古圣贤，尚勤学。
孔子也有老师吗？
什么是"师道传承"？

前文说过，我们中国的很多行业都尊奉一个祖师爷，而教育界的祖师爷，公认的就是孔子，他被称为"至圣先师"，可以说是老师们的老师。

问题来了：孔子教出了很多出色的学生，但他自己的学问是凭空而来的吗？他自己有没有老师呢？

《三字经》里是这么说的：

"昔仲尼，师项橐（tuó）。古圣贤，尚勤学。"

意思就是，孔子当年曾拜一个叫项橐的人为师。像孔子这样的圣贤，还这样勤奋学习。

项橐是谁？相传他是一个神童，当时只有七岁。尽管孔子已经是成年人了，但他觉得项橐非常了不起，所以愿意拜他为老师。那项橐究竟是一个怎样的人呢？很遗憾，项橐这个人最早出现在古书《战国策》中,说孔子拜七岁的项橐为老师,就这样一句话,后来其他的古书都是引《战国策》的这句话,也都只有一句话。至于有些关于项橐如何聪明绝顶的故事,基本都是民间传说。

当然,《三字经》写这句话,并不是要去考证有没有项橐这个人,而是只想说明一个道理:再伟大的人,也是有自己的老师的,也是需要不断学习的。

那么,孔子有老师吗?他的老师究竟是谁呢?

孔子和老子

《史记》里面有一篇文章叫《仲尼弟子列传》,作者司马迁在讲述孔门弟子的故事之前,先列举了一串名字。孔子把这些人奉为老师,一生尊敬他们。

第一位就是老子。我们都知道,老子是道家学派的创始人,一说即老聃(dān),姓李,名耳。孔子遇见老子的时候,老子做的工作大致相当于周王室图书馆馆长。

当时孔子专门到周国的都城去向老子请教关于礼的问题。老子说了一段委婉批评孔子的话,具体就不展开了,感兴趣的可以去看我写的《写给孩子的论语课》,在那本书里我做过详细的解释。

那孔子对老子的这番教诲是怎么评价的呢?他回去以后

就和他的弟子们说:"鸟,我知道它能飞;鱼,我知道它能游;兽,我知道它能跑。会跑的,我们可以织网捕获它;会游的,我们可制作丝线去钓它;会飞的,我们可以用箭去射它。至于龙,我就不知道该怎么办了,它是驾着风而飞腾升天的。我今天见到的老子,大概就是龙吧!"

可见孔子对老子的评价非常之高,也非常感激老子的批评和建议。

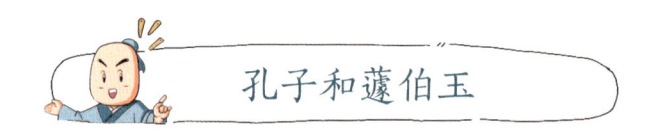

孔子和蘧伯玉

孔子的另一位老师叫蘧(qú)伯玉,他是当时卫国的一个大夫。《论语》中有这样一段记载:

蘧伯玉派遣使者来孔子家。孔子和使者一起坐下,问道:"你家先生在干些什么?"使者就回答:"我家老先生啊,一直想减少自己的过失,改正自己的缺点,但总觉得做不到。"这一点让孔子感到非常敬佩。

在另一本古书《淮南子》中,是这样描述蘧伯玉的:"年五十而有四十九年非。"意思是这位老先生到五十岁的时候依然在不断反省,觉得自己以前四十九年的很多认知都是错的。这种不断修正自己、不断接受新鲜事物的心态其实真的是很重要的。

这一点也感染了孔子,后来孔子也评价自己"不知老之将至",就是并不知道或者说并不觉得自己老了,说明他的心态一直很年轻。

作为自然界的一个规律,我们每个人生理意义上的身体都会慢慢衰老。如何保持年轻?那就是永远不要让心灵僵硬,让心灵保持柔韧,保持求知的激情和迁善改过的器量,时时刻刻都能够接纳新鲜的信息,以此修正自己的知识体系,改正以往的错误——心不老,人就不会老。

这是孔子从他老师蘧伯玉那里学到的,他也传授给了他的弟子,同样,也告诉了我们。

孔子和师襄子

孔子还有一位老师,是他的音乐老师,叫师襄子。孔子曾向师襄子学习演奏古琴。

《史记》的《孔子世家》记载,孔子跟师襄子学习一首古琴曲。学了十天,孔子依然在练习同一首曲子。师襄子说:"可以学习新内容了。"孔子说:"曲调我是练熟了,可是节奏我还没有掌握呢。"过了一段时间,师襄子说:"节奏已经掌握了,可以继续往下学了。"孔子说:"我还没有把握这支曲子的主题思想呢。"又过了一段时间,师襄子说:"主题思想已经把握得很好了,可以继续往下学了。"孔子说:"我还没有感受出来,创作这支曲子的是一位怎样的高人呢。"过了不久,孔子默然沉思,怡然远望,神采飞扬,说:"我看到他了。他肤色黝黑,身材颀长,目光深邃,如同统治着四方。他不是别人,正是周文王。"

师襄子一听孔子说完这句话,马上离开座席,恭恭敬敬地行了两次拜礼,说:"我的老师说过,这首曲子就叫《文王操》。"

从这段记录中,我们当然可以看到,孔子他老人家学习新东西精益求精。还有一点,不知你们有没有注意到,那就是孔子的老师师襄子,在孔子说出"周文王"这一答案的时候,恭恭敬敬行了两次拜礼。这个细节,《史记》原文中写的是"师襄子辟席再拜",没有说是向谁行拜礼。

无非就是两种可能:一种是向周文王表达尊敬,行了拜

礼,说明这位老师很讲究礼节;而另一种可能,是向孔子行了拜礼——你居然连这个都听出来了,厉害啊,佩服你!如果是第二种情况,这位师襄子也很了不起,作为老师,发现学生有过人之处,一样会表达自己的尊敬和佩服。

而他的这个行为,其实也验证了孔子后来说的话,叫"三人行,必有我师焉。择其善者而从之,其不善者而改之"。意思就是,三个人同行,其中必然会有能做我老师的人。看到他人身上的优点,我可以向他学习;看到他人身上的缺点,我也可以借此机会反思、改进自己。

说完孔子的三个老师,我们不难得出这样的道理:

好的学生,在他人生的各个阶段肯定会有一个甚至几个对他影响非常大的好老师,而学生成才之后,其实也会成为一名好的老师,去教育更多的学生,只是这样的教育和传道未必一定要成为一名职业的老师,未必一定要在教室里、讲台旁。

所以,一代又一代,我们说的"师道传承",就是这个意思。

而这也是我们人类文明历经一代又一代,能够薪火相传,不断发展和进步的一个重要原因。

昔仲尼，师项橐。古圣贤，尚勤学。

孔子当年曾拜一个叫项橐的人为师。像孔子这样的圣贤，还这样勤奋学习。

三人行，必有我师焉。
择其善者而从之，其不善者而改之。

出自《论语》。意思是，三个人同行，其中必然会有能做我老师的人。看到他人身上的优点，我可以向他学习；看到他人身上的缺点，我也可以借此机会反思、改进自己。

知识卡

91 "没文化"的赵普

赵中令,读鲁论。彼既仕,学且勤。

赵普是谁?

为什么说他没文化?

怎么理解"半部《论语》治天下"?

我们知道,在科举制度出现后,很多普通人都只能通过科举考试才能当官,但在古代,也有一些官员不是通过科举考试,而是通过实实在在的工作经验,慢慢当上官的。一般来说,这些人在很年轻的时候,就要去王公贵族的手下帮忙做事情,或者去大将军的府上做参谋人员。因为常年都需要工作,所以这样的人可能没那么多时间来读书。但也有的人会在忙碌的工作中,抽出一些时间来读书,比如跟着赵匡胤一起建立了宋朝的宰相赵普。

《三字经》是这么介绍赵普的:

"赵中令,读鲁论。彼既仕,学且勤。"

意思是说,赵普这个人做到中书令这个宰相的职位时,还是经常读《论语》的汉代传本之一《鲁论语》。他没有因

为当官工作太忙而不去学习，反而学习更勤奋了。

半部《论语》治天下

宋朝的大学者沈括曾经记载过这样一个故事：

宋朝的开国皇帝宋太祖赵匡胤曾经问赵普说："你觉得天底下什么东西最大？"

赵普想了想，一时间说不上来。赵匡胤把这个问题重新问了一遍。

这一回，赵普灵光一闪，说道："这天底下，道理最大啊！"

听到这个答案，宋太祖赵匡胤赞不绝口，表示赵普回答得真不错！

那赵普是从哪里悟出这些道理的呢？这就要说到他的另一个典故了。

有本古书叫《言行龟鉴》，其中记载过这样一个故事。

宋太祖赵匡胤去世之后，他的弟弟赵光义当了皇帝，也就是宋太宗。宋太宗赵光义想让赵普来当宰相，这个时候，就有人跑出来说赵普其实没什么文化。那人是这么说的："赵普不过是个半吊子的学究，只会读读《论语》。"

宋太宗赵光义听了以后，感觉有点疑惑，就问赵普是不是这么回事。赵普也很坦率，跟皇帝说："没错，我确实不怎么会读书，但也真的能读懂《论语》这本书。想当年，我辅佐开国皇帝安定了天下，也不过用了半部《论语》的知识，所以我还有另外半部《论语》的知识可以用来辅佐陛下呢！"

宋太宗赵光义一听，觉得赵普是个实在人，也确实有能力，就让他当了宰相。

大家别以为这个故事是假的，在正史《宋史》里，也有关于这个故事的记载。《宋史》里说，赵普很年轻的时候就出来工作了，没怎么钻研过学问，所以在他当宰相的时候，皇帝还经常劝他，要继续读书、多多读书才行。赵普也很听皇帝的劝，他每天回到自己家里，都会从小书箱里面掏出书来

读，一直读到第二天天亮。赵普读书读得还真有效果，读完书以后，赵普在朝堂上处理政治事务的时候，真的做得更好了。赵普去世之后，他的家人打开了他的书箱，想看看赵普每天晚上读的都是什么书。结果没想到，书箱里竟然只有一本书，那就是《论语》。

通过这个故事，赵普留下来了一个典故，那就是"半部《论语》治天下"。

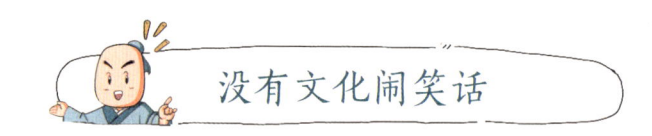

没有文化闹笑话

赵普曾经在两个皇帝在位期间三次当上宰相，是北宋初年重要的权臣。

他之所以能当上宰相，一方面是因为他帮助赵匡胤建立了宋朝，另一方面是因为他非常靠谱，说话办事总能让皇帝感到满意。

据史料记载，赵普还是个小小的军事判官时，就展示出了不一般的才能。当时，军队抓到了一百多个盗贼，要把这些人都杀掉。但是赵普就觉得，这里面肯定有被冤枉的人，就跟领导赵匡胤说，还是给他们一次机会，先去审理一下这些人，如果他们真的有罪，再杀掉他们也不迟。赵匡胤听从了他的建议，一审讯才发现，原来这些人大部分都是无辜的，就没有杀他们。通过这件事，赵普获得了赵匡胤的赏识，从此一直被赵匡胤带在身边。

在宋朝建立之后，赵普凭借着自己的见识和谋略，为赵匡胤制定了很多政策，也帮助赵匡胤牢牢地掌握住了兵权。按照史料记载，赵匡胤还曾经专门跑到赵普家里去请教统一天下的问题。其实，赵匡胤并不指望赵普能够说出个所以然来，只是想试探一下赵普。但他没想到的是，赵普虽然是个文臣，却能够把统一天下的军事思路也说得非常清楚。

当然，赵普虽然脑子好使，工作做得也很靠谱，但毕竟读书比较少，所以也闹过一些没文化导致的笑话。比如，赵匡胤让赵普来当宰相的时候，因为赵普不太熟悉官员任免制度，宰相的任命过程出了差错。

当时，朝廷里也有些反对赵普的人，他们曾经利用赵普没文化这个缺点让他非常难堪。赵普在朝廷里有个敌人叫卢多逊，两个人水火不容。在赵普的宰相职位被罢免的时候，卢多逊曾经当过宰相，在朝廷里很有话语权。卢多逊这个人是正儿八经的进士出身，读过很多书，所以就经常攻击赵普没文化这个缺点。

有史料记载，当年赵匡胤把年号改成"乾德"的时候说："这个年号应该从古到今都没有人用过吧？"赵普在旁边连连称赞，这当然也有点拍马屁的嫌疑。这个时候，卢多逊在旁边说："这个年号，其实当年的伪蜀政权就曾经用过啊！"赵匡胤一听，非常惊讶，赶快找来史官去核对，发现真的是这样。这下，本来就很郁闷的赵匡胤更生气了，只好拿赵普来撒气。他抓起一支毛笔，把墨汁抹到赵普的脸上，骂赵普说："你的知识水平怎么和人家卢多逊比啊！"

这可把赵普吓坏了，他一整夜都不敢洗脸，第二天只能带着满脸墨汁去上朝。赵匡胤看到赵普的惨样以后，才让赵普赶紧把脸洗干净。

从这个故事我们也能看出来，为什么赵匡胤经常劝赵普多读点书，说白了，他信任赵普，希望他靠谱一些，少闹点这样的笑话。人的知识是越多越好的，读书也应该是越多越好的。虽然赵普自信地说，自己用半部《论语》就可以治理天下了，但大家不要真的以为一个人一辈子只读半本《论语》就够了，这句话倒不如理解为：赵普读书不多，但他非常好地消化了知识，所以读书也是要讲究效率的。不知道这点对你是否有启发呢？

赵中令，读鲁论。彼既仕，学且勤。

赵普这个人做到中书令这个宰相的职位时，经常读《论语》的汉代传本之一《鲁论语》。他在当上官以后，反而学习更勤奋了。

知识卡

半部《论语》治天下

根据《言行龟鉴》记载,赵普曾经对宋太宗赵光义说:"臣实不知书,但能读《论语》,佐艺祖定天下,才用得半部,尚有一半可以辅陛下。"意思是:"我确实不怎么会读书,但也真的能读懂《论语》这本书;想当年我辅佐开国皇帝安定了天下,也不过用了半部《论语》的知识,所以我还有另外半部《论语》的知识可以用来辅佐陛下呢!"这就是赵普"半部《论语》治天下"的典故。

92 萤火虫的光,真能让人看清字吗?

《三字经》里有哪些关于刻苦学习的小故事?

身虽劳,犹苦卓。
如负薪,如挂角。
家虽贫,学不辍。
如囊萤,如映雪,
彼不教,自勤苦。
火淬掌,锥刺股,
彼无书,且知勉。
披蒲编,削竹简,

蒲草真的可以写字吗?
"悬梁刺股"值得模仿吗?
"囊萤映雪"真的符合事实吗?

我相信很多人和我一样,从小爸爸妈妈和老师就告诉我们,要好好学习,刻苦学习。有时候他们还会在说完这句话后补上一句:"你们现在的学习条件比我们当年好多了,一定要珍惜现在的学习机会!"

古人给我们留下了很多有关刻苦学习的故事,在《三字经》里就至少提到了四个。刻苦学习这件事本身肯定是没错的,但你们有没有想过,古代流传下来的那些刻苦学习的故事,都是真的吗?或者,都是值得效仿的吗?

学精神,别学方法

我们先看两个故事。《三字经》里是这么说的:

"披蒲编,削竹简,彼无书,且知勉。"

意思是说,西汉时的学者路温舒,小时候家里很穷,他就在放羊的时候收集蒲草,然后把文字抄写在蒲草上,再将其编起来阅读。还有一个叫公孙弘的学者,他为了学习知识,就一边养猪一边去砍竹子,把文字抄在削好的竹片上面来阅读。这两个人都很穷,买不起书,但他们仍然能够刻苦学习。

关于这两个故事,我们需要学习的就是路温舒和公孙弘刻苦学习的精神,至于他们的方法,我们现在已经没必要效仿了,道理很简单:我们现在完全不用在蒲草和竹片上写字了。当然,这两个故事是有意义的,因为这提醒我们更要珍惜现在良好的读书条件。

我们再来看两个故事。《三字经》里接着说:

"火淬掌,锥刺股,彼不教,自勤苦。"

意思是说,古人为了在读书的时候不犯困,有的用火来灼烧自己的手掌,还有的用锥子来扎自己的大腿。这些人不需要别人的督促,自己就能勤奋刻苦地学习。

"火淬掌"的故事出自《荀子》。荀子说,孔子有一个学生叫有若,他担心在看书的时候睡着,就一边看书,一边用火来烧自己的手掌,真是一个很能忍耐的人啊!"锥刺股"的故事出自《战国策》,讲的是战国时著名的政治家苏秦,他在读书读累了的时候,就拿锥子来扎自己的大腿——股在古汉语中不是屁股的意思,指的是大腿。也就是说,苏秦想靠刺大腿来保持清醒。这两个故事虽然都很有可能是真实发生过的，但我们都知道，这也是不能效仿的，我相信你们的爸爸妈妈也绝不会希望你们学习这两个人的方法。

我们要想清楚，学习本身是为了让我们的身体和心理都得到健康的发展，如果我们要用这种会伤害到身心健康的方式来学习，不就本末倒置了吗？

2021年，教育部发布了"睡眠令"，要求小学生每天睡眠时间应达到10小时，初中生应达到9小时，高中生应达到8小时。教育部还制定了"双减"政策，减少义务教育阶段学生作业负担和校外培训负担。这正是因为，只有拥有了良好的休息和充足的睡眠，我们才能更好地投入学习。所以我们应该更合理地安排好自己的学习时间，而不是临时抱佛脚，甚至用"淬掌""刺股"这种自残式的方法学习。

看态度，也质疑真实

再接着看四个故事，《三字经》里是这么说的：

"如囊萤，如映雪，家虽贫，学不辍。如负薪，如挂角，身虽劳，犹苦卓。"

"如囊萤"说的是晋朝的大臣车胤小的时候家里太穷，点不起灯，所以他就在夏天的晚上捉来很多萤火虫，把它们装在袋子里，用萤火虫的光来看书。"如映雪"说的是一个叫孙康的人，他也遇到过类似的难题，他就在冬天的时候，用雪地反射的光读书。车胤和孙康虽然家里很穷，却没有停止学习。"如负薪"说的是汉朝的朱买臣曾经一边背木柴一边读书，"如挂角"说的是隋朝的李密曾经在骑牛外出时把书挂在牛角上，一边赶路一边读书。李密和朱买臣即使条件艰苦，也不忘刻苦地学习。

就像我们在前文说的，现在的条件肯定没有当年那么艰苦，但朱买臣和李密这种一有空就学习的精神，还是值得大家学习的。相比之下，前面两个故事，车胤和孙康用萤火虫的光和雪地的反光来看书，就有点不太真实了。

鲁迅先生在一百年前就怀疑过这件事了。他在《难行和不信》这篇文章里说，"这些故事，作为闲谈来听听是不算很坏的"，但是啊，"你想，每天要捉一袋照得见四号铅字的萤火虫，那岂是一件容易事？"

而且，就算你真的抓来了一袋萤火虫，它们发出的光能不能让人看得清书上的字，也很难说。我国研究萤火虫的第一人付新华教授，把他十几年研究萤火虫的成果写成了一本书，叫作《故乡的微光》。在这本书里，付新华教授记录了他复原"囊萤夜读"实验的过程。按照付新华教授的实验结果，就算你抓了二十五只甚至五十只萤火虫，把它们关到一个玻璃瓶子里，也很难靠它们发出来的光看清纸上的字。后来，付教授把瓶子中萤火虫的数量增加到了一百只，才能勉强看清楚纸上的字，但还是很费劲。付教授在坚持看了五分钟后，就觉得眼睛非常疲惫，头也开始疼起来了。

而且，如果我们真的用萤火虫来照明，还有一个很大的问题，就是你没有办法让萤火虫乖乖听你的话一直发光，因为萤火虫感觉到危险的时候，往往就会停止发光来保护自己。这样这盏灯不就灭了吗？所以说，我们虽然确实能靠萤火虫的光来读书，但是我们首先需要捉到上百只萤火虫，而且就算我们真的捉到了这么多萤火虫，它们照明的效果也很不好。总之，"囊萤"的故事有可能是不真实的。

至于孙康用雪地反射的光来看书这件事，就更不可能了，也有网友曾经趁着雪天做过类似的实验，就算是在月光很明亮的农村里，也很难借着雪地反射的光看清楚书上的字。

大概正是因为车胤囊萤和孙康映雪这两个故事很不符合事实逻辑，所以明朝的笑话书《笑林》里面就记录过这样一个笑话：

话说有一天，孙康来找车胤，发现车胤不在家，就问别人车胤去哪儿了。别人就告诉孙康，车胤没有在家学习，大概是跑出去捉萤火虫了！

又过了几天，车胤来拜访孙康，却发现孙康悠闲地站在院子里，就问孙康："你怎么不读书呢？"

孙康说："我看今天好像不会下雪啊，估计读不了啦！"

这个笑话说明，古人就已经怀疑这两个故事的真实性了。

不过话说回来，虽然有些关于刻苦学习的故事可能有漏洞，但是，刻苦学习的精神是我们人人都应该具备的。你们再想想，如果你没有刻苦学习的精神，不去认真地学习知识，那你可能连这些故事哪里不合逻辑都看不出来，对不对？

披蒲编,削竹简,彼无书,且知勉。

西汉时的学者路温舒小时候家里很穷,他就在放羊的时候收集蒲草,然后把文字抄写在蒲草上,并将其编起来阅读。还有一个叫公孙弘的学者,他为了学习知识,就一边养猪一边去砍竹子,把文字抄在削好的竹片上面来阅读。这两个人都很穷,买不起书,但仍然能够刻苦学习。

知识卡

名家篇

火淬掌，锥刺股，彼不教，自勤苦。

古人为了在读书的时候不犯困，有的用火来灼烧自己的手掌，还有的用锥子来扎自己的大腿。这些人不需要别人的督促，自己就能勤奋刻苦地学习。

如囊萤，如映雪，家虽贫，学不辍。

晋朝的大臣车胤小的时候家里太穷，点不起灯，所以他就在夏天的晚上捉来很多萤火虫，把它们装在袋子里，借萤火虫的光来看书。孙康也遇到过类似的难题，冬天的时候他就借雪地反射的光来读书。车胤和孙康虽然家里这么穷，却没有停止学习。

如负薪，如挂角，身虽劳，犹苦卓。

汉朝的朱买臣曾经一边背木柴一边读书，隋朝的李密曾经在骑牛外出时把书挂在牛角上，边走边读，李密和朱买臣虽然条件艰苦，却能更加刻苦地学习。

93 苏洵 "超级老爸"

> 苏明允,二十七,始发愤,读书籍。彼既老,犹悔迟。尔小生,宜早思。
>
> "三苏"是哪三个人?
> 苏洵是怎样一个人?
> "三苏"是怎么走上历史舞台的?

说起宋朝的文学家,我们立刻就会想到大文学家苏轼。但其实,苏轼的爸爸苏洵、弟弟苏辙,也是非常有名的大文学家,他们父子三个经常被人们称作"三苏"。苏洵、苏轼和苏辙这三个人各有各的长处,都是有名的散文大师。在人们总结出来的"唐宋八大家"里,这一家人就占了其中的三个名额。

苏轼的爸爸苏洵没有苏轼那么有名,官做得也没有苏轼和苏辙那么大,但没有苏洵,就没有文学史上"三苏"的辉煌。在《三字经》里,就有苏洵的故事:

"苏明允,二十七,始发愤,读书籍。彼既老,犹悔迟。尔小生,宜早思。"

意思是说,宋朝的苏洵这个人,他到了二十七岁的时候

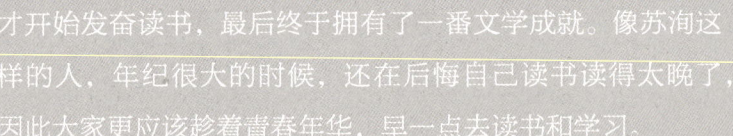

才开始发奋读书，最后终于拥有了一番文学成就。像苏洵这样的人，年纪很大的时候，还在后悔自己读书读得太晚了，因此大家更应该趁着青春年华，早一点去读书和学习。

大器晚成

苏洵出生在四川的眉山。我们知道，北宋的都城是开封，当时的文学政治中心也是在中原地区。所以苏洵是在一个远离京城、远离文化中心的地方长大的。这也是为何后来苏洵在给当时的文坛领袖欧阳修写信推荐自己的时候会反复强调：我苏洵命不太好，就是个乡野里面的平民而已，生活也很贫穷。

但其实苏洵的家境也没那么差。苏洵的爸爸是个小官，他的两个哥哥也都年纪轻轻就考中了进士，当上了官，所以苏洵家在当地也算得上是大户人家，条件不错，能供他去读书。但是，苏洵从小就不爱读书，天天在外面到处玩。根据欧阳修后来给苏洵写的墓志铭，苏洵的爸爸比较溺爱他，对他很放纵，从来不去过问他的学业。有人问苏洵的爸爸，为什么不逼着苏洵去读书，他爸爸也只是笑笑不说话。

好在苏洵到了二十七岁的时候突然就开窍了。他决定发愤图强，不再和平时一起鬼混的朋友们来往了，开始闭门苦读文章修辞的学问，然后去参加科举考试。在突击复习了一年多以后，苏洵信心满满地跑去参加科举考试，结果没考上。这下苏洵的信心大受打击，他回到家以后，摇着头说："看来，只是文章修辞这些东西，是不够我学习的啊！"

为了表达自己要更深入地去研究和学习的决心，苏洵竟然一把火把自己之前写的好几百篇文章全给烧掉了。他每天窝在家里，更加刻苦地学习。这次，他学的不再是文章修辞这种表面的知识，而是六经和诸子百家著作这些古代的学术经典。他在研读完这些经典之后，并没有急着动笔写文章，而是努力地运用书中的知识，去分析古往今来历史的变迁，考察历史人物的身世故事。苏洵在深入地研究了很多年之后，终于获得了足够的知识积累。这个时候，苏洵再动笔来写，立刻就写出了让当时的文坛领袖欧阳修都感觉非常精妙的文章。

声名鹊起

我们高中语文书里选取了一篇苏洵的文章，叫《六国论》。从这篇文章里，我们就能看到苏洵是怎么研究历史，又是怎么从历史中总结出深刻道理的。

我们在前文讲过春秋战国时代。战国时天下一共有七个主要的强国，被称为"战国七雄"，但为什么只有秦国能够灭掉其他六个国家，统一天下呢？

苏洵在《六国论》中给出的解释是：因为其他六个国家不敢和秦国正面对抗，只能通过贿赂秦国、给秦国割地赔款等方法来暂时地保全自己。但是，这些国家每次给秦国割地赔款，都会导致秦国变得更加强大，这么一来，秦国不就更容易吞并这些国家了吗？

苏洵得出了一个结论：如果这六个国家能够团结起来，一起去勇敢地对抗秦国，而不是给秦国割地赔款，那么秦国别说灭掉这六个国家了，恐怕自己连存活都会变得很危险了吧！

苏洵为什么要写这篇文章？其实，苏洵这篇文章主要是写给自己的同胞看的。当时，宋朝因为打不过北方的少数民族国家辽国，每年都要给辽国交很多"保护费"，求得辽国不侵略宋朝。这件事在苏洵的眼里却是非常危险的。因为宋朝这么做实际上增加了老百姓的负担，削弱了自己的力量，却让辽国的力量越来越强。

所以，苏洵借思考秦国为什么能灭掉其他六个国家，劝告宋朝当时的统治者，千万不能像战国时那六个国家那样，为了暂时的安宁，就给强大的敌人割地赔款，削弱自己的力量去增强敌人的实力，最后落得个被灭掉的下场。

从《六国论》这篇文章，我们能看到苏洵的历史知识非常丰富，文学才华也很高。《六国论》这篇文章被苏洵收录在他的著作《权书》里。但俗话说，酒香还怕巷子深，苏洵在家里发奋苦读了这么多年，写出了很多思想非常深刻的文章，但他的文章却没什么名气，没法让大家读到。

这时苏洵已经四十多岁了，他的两个儿子苏轼和苏辙也已经长成了十几岁的小伙子。于是苏洵决定拉着两个儿子，带着自己的文章，去找当时那些有名的官员和文学家，希望他们能够帮忙推荐一下。

一开始，苏洵找到的是在四川当官的学者官员张方平。当时，张方平正好听说眉山有个叫苏洵的人很有学问，也想见见苏洵。就这样，苏洵带着《权书》等作品和两个儿子，来到了张方平那里，和张方平交流学术。张方平读完苏洵的作品，又和苏洵聊完天后，对苏洵说："你的文章写得真不错,你像历史学家左丘明和司马迁那样善于叙事,也像大学问家贾谊那样明白治理天下的道理。可惜啊,四川这个地方比较偏远,估计很难成就先生的名声,苏先生不如去京城走一走?"

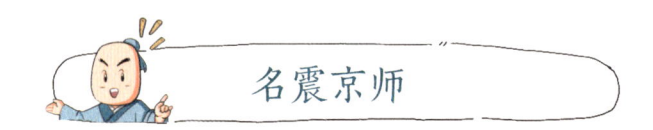

名震京师

张方平索性好人做到底,他把苏洵推荐给了京城的大文学家欧阳修。

在1056年这一年,四十七岁的苏洵带着苏轼和苏辙两个儿子去京城开封,准备参加第二年的科举考试。到了京城后,父子三人拜访了欧阳修。欧阳修看了苏洵的文章后,也觉得写得特别好,到处宣传苏洵的文章。于是乎,苏洵在京城开封有了不小的名气,开封的读书人都争着来阅读苏洵的文章。可见,千里马固然难得,但能赏识千里马的伯乐也很重要。

第二年,也就是1057年,苏洵的两个儿子苏轼和苏辙一起参加这一年的科举考试。

他们的运气非常好,这次考试的主考官就是给苏洵帮过大忙的欧阳修。欧阳修非常欣赏苏轼和苏辙的文章,给他们两人的考卷都打了很高的名次。就这样,年纪只有二十岁的苏轼和十八岁的苏辙竟然都考中了进士。要知道,在当时,十几二十岁的年轻人能考上进士,本来就算是大新闻了。况且，苏轼和苏辙还是出身于偏远地区的亲兄弟，这件事在当时一下子变成了轰动京城的超级新闻。就这样，苏洵带着两个儿子来到京城开封后，在欧阳修的帮助下，只花了一年的时间，三个人都名震京师，"三苏"这个文学组合也正式登上了历史的舞台。

在这之后，苏轼和苏辙进入了官场，但苏洵却没什么做官的欲望，就算皇帝点名让苏洵去参加选拔考试，苏洵也不愿意参加。在苏洵五十一岁的时候，当时的宰相推荐苏洵做了一个给官方编书的小官，苏洵在接下来几年就一直在这个岗位上老老实实地编书。又过了几年，五十七岁的苏洵在京城开封生病去世了，他的一生就这样平淡地结束了。

苏洵去世以后，朝廷本来要送给苏家一些金银布帛，苏轼全给拒绝了。苏轼说，与其这样，还不如给我爸赏赐个官职。于是，皇帝就赏赐苏洵为光禄寺丞，并且让相关部门准备一条丧葬船，把苏洵的棺材送回四川去安葬。

苏洵去世之后，他当年拜访过的张方平和欧阳修分别写了悼念他的墓表和墓志铭。虽然苏洵一辈子没做过什么大官，但是他凭借着自己的文学才华得到了朝廷的重视，也得到了很多人的尊重和欣赏。更重要的是，他的文章超越了时代，直到今天，还被我们每个学生品读。

苏明允，二十七，始发愤，读书籍。
彼既老，犹悔迟。尔小生，宜早思。

宋朝的苏洵这个人，他到了二十七岁的时候才开始发奋读书，最后拥有了一番文学成就。像苏洵这样的人，年纪很大的时候，还在后悔自己读书读得太晚了，因此大家更应该趁着青春年华，早一点去读书和学习。

神奇的「稷下学宫」

94

若荀卿，年五十，游稷下，习儒业。

稷下学宫是怎么建立起来的？

稷下学宫有哪些功能？

稷下学宫是怎么衰败的？

很多人都知道一款叫《王者荣耀》的游戏，游戏中，有些英雄来自一个叫"稷下学院"的组织。虽然游戏里的故事和真实的历史有很大的差别，但其实在战国时期，齐国确实有一个叫"稷下学宫"的地方。《三字经》里也提到过这个地方：

"若荀卿，年五十，游稷下，习儒业。"

意思是说，大儒学家荀子在五十岁的时候，曾经来到稷下学宫，在这里研究儒学知识。

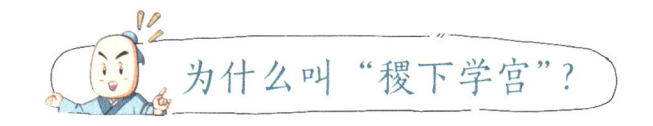

为什么叫"稷下学宫"？

在战国时期，齐国的都城在临淄，也就是现在山东省的淄博市临淄区北。

临淄有一个城门叫"稷门"。当时齐国的国君在这座稷门附近设立了一个学宫,所以人们就根据它的位置,管它叫稷下学宫。稷下学宫是一个官方创办的高等学府,它在公元前4世纪的时候建立起来。

齐国的国君为什么要建立稷下学宫?第一个原因是为了招揽人才,提高齐国的综合国力。

在战国时代,各个国家都在相互对抗,相互较量。我们知道,人才的多少会影响一个国家实力的强弱,所以在战国时代,各个国家都在努力招揽人才。我们在上一篇说苏洵写了《六国论》,其实他的两个儿子苏轼和苏辙也都写过《六国论》。苏轼在《六国论》中是这么说的:

在春秋战国时代,不论是那些谋士、说客,还是那些很擅长辩论的学者,甚至是那些有点特殊本领的大力士和盗贼,都被各个国家当成人才,好吃好喝地招待着。像战国时的信陵君、孟尝君、平原君、春申君这四位公子,以及秦国的政治家吕不韦,家里都养了三千个人才作为宾客,而齐国也设立了稷下学宫,聚集了上千个学者。

从这段话我们就能看出来,在苏轼眼里,稷下学宫是齐国专门用来招揽人才的学术机构。

也正因为这样,齐国的稷下学宫会给那些有学问的人才提供非常好的待遇。根据历史记载,在齐宣王时代,稷下学宫的学者中有七十六个被封"上大夫"头衔。换句话说,这些学者不用去参与实际的政治治理工作，只是在稷下学宫里读书讲学，就能获得上大夫的政治地位和收入待遇。

稷下学宫建立的另一个原因，是为了提高齐国国君的统治地位。

当时，齐国的领导层经历过一次大换血。本来，齐国的王室是姜姓家族，结果在战国初年的时候，齐国国内的另一个贵族家族田氏家族篡夺了姜姓家族的王位，占有了齐国国君的宝座，这件事在历史上叫"田氏代齐"。

齐国的国君毕竟是通过篡位上台的，合法性不是很强，所以，在很长一段时间里，齐国的国君都想要巩固自己的统治地位。在这个过程中，齐国的国君进行了一系列改革，其中就包括建立稷下学宫。一方面，齐王需要通过稷下学宫来提高自己在世人眼里的形象；另一方面，齐王也需要稷下学宫里面的学者们支持自己的统治地位。

事实证明，在建立了稷下学宫之后，齐国的国力迅速增强，齐国很快就成了当时最强大的国家之一，齐国的都城临淄也成了当时天下的学术中心和文化教育中心。

"稷下学宫"有什么功能？

稷下学宫的第一个功能，是承担齐国官方组织的一些国家重点科研项目。

比如，齐威王很重视军事理论的建设，他就让稷下学宫的先生们去编写了一套叫《司马穰（ráng）苴（jū）兵法》的兵书，然后用这套兵书来提高齐国军队的战斗素质。

稷下学宫的第二个功能，是帮助齐国的统治者治理国家。当时齐国的统治者经常召见稷下学宫的学者，要么是咨询自己该怎么去治理国家，要么是聊一聊自己在治理国家方面有没有什么问题。

比如在齐宣王时代，稷下学宫曾经有一个叫颜斶（chù）的学者。有一天，齐宣王想要见颜斶，没想到颜斶到了齐王的宫殿之后，竟然不上去行礼。齐宣王对颜斶说："颜斶，快到我跟前来！"颜斶不仅一动不动，反而对着齐宣王说："大王，快来我这里吧！我如果跑去大王跟前，那就显得像是我很贪图大王的权势。可是，如果大王来到我跟前，那就显得大王礼贤下士，非常贤明！"

齐宣王听了以后很生气，反问颜斶说："你觉得是我这样的王更尊贵，还是你们这些士人更尊贵呢？"

颜斶先给齐宣王讲了尧舜禹为什么能成为天子，然后引用《易经》里的话，巧妙地告诉齐宣王一个道理：和人才相比，王一点儿也不尊贵，只有明白人才珍贵的国王，才能成为贤明的国王！就这样，在和颜斶的这一番对话之后，齐宣王接受了颜斶的意见，从此以后变成了一个更加尊重人才的国君。

当孟子来到齐国的时候，齐宣王也曾经好几次从稷下学宫召见孟子，向孟子询问自己应该怎样去治理国家。我们的高中语文书里有一篇课文叫《齐桓晋文之事》，记录的就是齐宣王和孟子关于治理国家的一段对话。

一开始，齐宣王想要像当年春秋时代的齐桓公、晋文公那样，通过霸道的力量来成为诸侯中的霸主。但是，孟子却跟齐宣王说，大王确实可以成为一个强大的国君，但是不应该通过武力这种方式。然后，孟子开始跟齐宣王介绍，在儒家思想里，国君应该通过实行仁政，也就是爱护老百姓的方式来成就一番事业。因为国君只有爱护老百姓，才能让自己国家的人民变得富裕而且有力量，也能让其他国家的人才都想来投靠。

虽然最后齐宣王并没有采纳孟子的政治主张，但是，齐宣王和孟子的这段对话让我们看到，稷下学宫的学者随时可以变成齐国国君的智囊，他们可以经常跟齐国的国君聊天，也经常给齐国的国君出谋划策。

稷下学宫的第三个功能，是进行教育和学术交流。在当时，很多像孟子这样的学者来到稷下学宫之后，会在这里开坛讲学，宣传自己学派的思想观点。在稷下学宫最繁荣的时候，墨家、法家、名家、阴阳家、纵横家、道家、兵家、儒家等诸子百家的学者都在这里给学生们上课。除了上课，这些学者还经常一起辩论，用今天的话来讲，就是经常搞学术研讨会。

当然，也有人觉得，稷下学宫这种崇尚辩论的学术风气不太好，太注重空谈了，没什么实干精神。《韩非子》里有这样一个故事,说有一个学者叫兒(ní)说(shuō),他非常善于辩论,而且坚持用"白色的马不算是马"这个观点和别人辩论,在稷下学宫没有敌手,结果一出稷下学宫,立刻就吃瘪了。

他骑着白色的马路过一个边境关卡时,守卫的士兵要他缴纳马儿过关的费用。结果,这个兒说不论怎么跟这些士兵讲"我骑的这匹白色的马不能算是马",这些士兵都不听,直接挥了挥手中的刀,兒说只能乖乖交费。

在讲完这个故事后,韩非子评论道:像稷下学宫里的兒说这样的人,凭借着那些虚无缥缈的话,说得过一整个国家的人。可是,他们一旦面对实实在在的问题,可就连一个人也骗不过了。韩非子这一番话,实际上指出了稷下学宫里存在的这种比较崇尚空谈和辩论的问题。

稷下学宫的衰败

稷下学宫建立了不到一百年,就遭到了巨大的破坏。

齐潛(mǐn)王在位的时候,想要让齐国成为天下最大的霸主,所以发动了好几场战争。他先是打败了楚国,又吞并了宋国,这么一来二去,齐国把几乎所有的国家都给得罪了。最后,秦、燕、魏、赵、韩这五个国家联合在一起来攻打齐国,很快就占领了齐国的都城临淄。因为都城临淄都被敌人攻破了，所以位于临淄的稷下学宫当然也就遭到了战争的破坏，稷下学宫里的学者死的死，逃的逃，稷下学宫再也没办法恢复过去的繁荣了。

《三字经》里说，大儒学家荀子在五十岁的时候，曾经来到了稷下学宫，在这里研究儒学知识。其实，等到荀子来到稷下学宫的时候，稷下学宫已经遭受过战争的破坏，衰败了。所以这个时候，荀子成了稷下学宫里年龄最大、资历最深的老师。当时，齐国还在给稷下学宫的学者授予大夫头衔，在这段时间里，荀子曾经三次担任稷下学宫的祭酒，相当于是那里的校长。

但是，在荀子当校长的时候，稷下学宫的学术环境已经没有过去那么好了，所以没过多久，荀子因为遭到一些人的嫉恨，只能被迫离开了齐国。又过了几十年，秦国统一六国，灭掉了齐国，稷下学宫也跟着齐国一起，彻底退出了历史的舞台。

> **知识卡**
>
> 若荀卿，年五十，游稷下，习儒业。
>
> 大儒学家荀子在五十岁的时候，曾经来到了稷下学宫，在这里研究儒学知识。

名家篇

95 那些从小立志的大人物

彼既成,众称异。尔小生,宜立志。

范仲淹为何能成大器?
刘备只会哭哭啼啼吗?
班超是怎么成为一个军事家和外交家的?

上一篇我们介绍了稷下学宫是个怎样的地方,也说到了荀子在五十岁的时候来到稷下学宫,并先后三次在稷下学宫做祭酒的经历。《三字经》里有这样的话:

"彼既成,众称异。尔小生,宜立志。"

意思是说,像荀子这样的人(五十岁还外出游历学习),在获得很大成就后,大家都赞叹不已。大家也应该趁着年轻,早早地立下远大的志向。

在历史上,很多人从小立志,通过自己的努力,在某个领域取得了比较大的成就,也在历史上留下了自己的姓名。

少有大志的范仲淹

宋朝的大文学家欧阳修曾经专门记载过范仲淹小时候的故事。

欧阳修表示,范仲淹"少有大节,于富贵、贫贱、毁誉、欢戚不一动其心,而慨然有志于天下"。意思是说,范仲淹在很小的时候,就有很大的志向,不论是富贵还是贫贱,指责还是赞美,快乐还是悲哀,都没办法扰乱他的内心,他年纪轻轻就已经把治理天下当成自己的责任了。

范仲淹两岁的时候就失去了父亲,家里也很穷,但是在"以天下为己任"的责任感的推动下,他每天都发奋读书,读到晚上感觉困了的时候,就用凉水洗脸,让自己集中注意力继续读书。有时候,范仲淹连饭也吃不上,还是一边喝着稀粥,一边读书。功夫不负有心人,范仲淹通过自己的努力,很快就考中了进士,一步步实现了自己修身、齐家、治国、平天下的人生理想。

低调沉稳的刘备

熟悉三国历史的同学都知道,刘备是蜀国的建立者,也是四大名著之一的《三国演义》这部小说的主人公。

在《三国演义》里,刘备刚出场时已经是个成年男子了,以卖鞋、织草席为生。而且在整本小说里,他好像就是一个忠厚老实人,除了哭哭啼啼,也没什么用,天下都是他的好兄弟和诸葛亮帮忙打下来的。但刘备其实从小就有雄心壮志,想要出人头地。

《三国志》里记载,刘备小时候和别的孩子一起玩耍时,曾经用开玩笑的语气说:"等我长大了,肯定会坐上羽葆盖车!"所谓羽葆盖车,就是一种顶篷上用华丽的羽毛装饰的车子,一般来说,这种车只有天子才有资格坐。刘备的叔叔听到刘备竟然说了这样的话,赶紧警告刘备说:"你这孩子可不要瞎说啊,这样乱说话,会让我们全家都被杀掉的!"可见刘备小时候立的志向就和同龄人不太一样。

《三国志》还记载说,等到刘备长到十几岁的时候,他平时一般闷闷的,不说话,但却对身边那些地位比较低的人非常好。而且,少年时代的刘备从来不轻易表现出自己的情绪。这几个特点,都展示出刘备从小就深藏不露,拥有很高的领导天赋。很快,刘备就成了当地少年们的"头儿",也就是孩子王,他和很多豪爽的侠士交了朋友,当地的年轻人都争着来投靠刘备。

寻找伯乐的诸葛亮

前文说到刘备的重要助手诸葛亮,其实,诸葛亮也是个从小就有远大志向的人。

根据《三国志》的记载，诸葛亮年轻的时候在家里一边种地，一边读书，他虽然还没有做出什么成绩，却经常把自己和管仲、乐毅相比。管仲是春秋时代齐国的国相，曾经辅佐齐桓公当上了天下的霸主；乐毅是战国时代有名的大将军，曾经率领五个国家的军队扫平了齐国。所以，诸葛亮把自己比作管仲和乐毅，就是说自己文武双全，完全拥有辅佐主公成就一番事业的能力。

不过有意思的是，《三国志》在写完诸葛亮的志向之后，又加了这么一句话："时人莫许之也。惟博陵崔州平、颍川徐庶元直与亮友善，谓为信然。"意思是说，当时，除了博陵的

崔州平和颍川的徐庶这两个和诸葛亮关系比较好的朋友，谁也不信诸葛亮有这样的能力。后来，还是在徐庶的推荐下，刘备才三顾茅庐，找到了诸葛亮，和诸葛亮一起干出了一番事业。

从诸葛亮的例子我们也能看到，光少有大志其实是不够的，因为别人不一定会相信你的能力。所以，我们还要能及时抓住成功的机遇，证明自己的能力，这样才有可能实现自己的志向。

外交家班超

除了刘备、诸葛亮这种生在乱世的英雄豪杰，在太平盛世里，那些年纪轻轻就有远大志向的人也有机会获得成功，东汉时有名的军事家和外交家班超就是这样一个例子。

虽然我们都说班超是个军事家和外交家，但其实他出生在一个文学世家。班超的爸爸是东汉著名的历史学家和文学家班彪，班超的哥哥班固的名气与著名历史学家司马迁的一样大，班固编写了"二十四史"中的《汉书》。

根据《后汉书》的记载，班超从小就有很大的志向。虽然班超也拥有很高的文学天赋和很好的口才，但班超的志向跟爸爸和哥哥的都不一样。因为班超的哥哥去朝廷做校书郎，也就是去校对国家图书馆的图书，所以班超年轻的时候就跟着哥哥来到了东汉的都城洛阳。

他经常给官府帮忙，靠帮着抄书来赚点吃饭钱。有一天，班超把毛笔扔到一边，长长地叹了口气说："我可是个男子汉大丈夫，就算没有什么本事，也应该像西汉时的外交家傅介子，或者是出使西域的张骞那样，在西域这种地方建功立业，获得能够封为侯爵的功劳才对！我怎么能一直拿着笔，干这种无聊的文书工作呢？"

听到班超说的这番话以后，他身边的人都笑话他。班超却说："你们这群狭隘的家伙，怎么知道英雄壮士的志向呢？"从班超的这些话，我们就能看出来，他一点儿也不想像爸爸和哥哥那样去做个历史学家或者文学家，他的心早就飞到了边塞，想要在西域地区成就一番大事业。

后来，班超做了个小小的文官，没过多久就被免职了。这时候，班超反而觉得自己必须去实现自己年少时的志向了。于是，他放弃了做文官的想法，跑去军营里面，先是跟随军队一起和匈奴人战斗，后来又当上了军队的外交官。在之后的几十年里，班超一直在西域地区进行外交活动，前前后后让西域五十多个国家归顺了汉朝。

皇帝看班超这么有才能，让班超做了汉朝在西域地区的最高长官，也就是西域都护，还封他为定远侯。就这样，班超凭借着自己的努力，为国家做出了卓越贡献，获得了很高的荣誉和地位，也终于实现了自己年少时的志向。

看完范仲淹、刘备、诸葛亮和班超的故事，相信大家也发现了：那些年纪轻轻就树立起远大志向的人，他们的人生目标会更明确，努力起来也会更有方向，当然，相对而言，也就更有机会实现自己的理想。

知识卡

彼既成，众称异。尔小生，宜立志。

像荀子这样的人（年至五十还要外出游历学习），在取得成功后，大家都赞叹不已。大家也应该趁着年轻，早早地立下远大的志向。

少有大节，于富贵、贫贱、毁誉、欢戚不一动其心，而慨然有志于天下。

出自欧阳修的《资政殿学士户部侍郎文正范公神道碑铭并序》。意思是说，范仲淹在很小的时候，就有很大的志向，不论是富贵还是贫贱，指责还是赞美，快乐还是悲哀，都没办法扰乱他的内心，他年纪轻轻就已经把治理天下当成自己的责任了。

96 那些没有荒废天分的『小天才』

莹八岁,能咏诗
泌七岁,能赋棋
彼颖悟,人称奇
尔幼学,当效之

[祖莹偷读]是怎么回事?

李泌是怎么得到唐玄宗认可的?

大家一定都学过骆宾王的《咏鹅》吧:"鹅,鹅,鹅,曲项向天歌。白毛浮绿水,红掌拨清波。"据说,这首诗是骆宾王七岁时写的。骆宾王也因为这首诗,被人们叫作"神童"。

中国这么大,人口这么多,历史这么长,其实是不缺神童的。不过我们在前文也讲过,有些人虽然很有天分,但是没有好好珍惜自己的才华,没有利用青春年华用功学习,从当初举世瞩目的神童变成了人群里最普通的一个。

但同样的,历史上也有一些在小时候就被人叫作"天才",而且没有被这些夸奖冲昏头脑,反而更加努力读书的人。他们在长大后,凭借着才华,在历史上留下了姓名。对于这种天才,《三字经》里举了两个例子:

"莹八岁，能咏诗。泌（bì）七岁，能赋棋。彼颖悟，人称奇。尔幼学，当效之。"

意思是说，北朝时候的祖莹，八岁的时候就能背诵《诗经》这样的经典了。唐朝的李泌，七岁的时候就能在皇帝面前即兴创作了。像祖莹和李泌这样的人，他们天生就特别聪明，很有悟性，让人们觉得很神奇，大家也应当把他们当作榜样来学习。

下面，我们就来说说这两个人的故事，看看他们是如何没有浪费自己天分的。

偷偷点灯的祖莹

祖莹是北朝时期的人，他家是北方的贵族，这让祖莹从小就有很好的学习条件。

根据史书记载，祖莹非常聪明，在八岁的时候，就已经会背诵《诗经》和《尚书》这样的经典了，还会写诗写文章，所以家里人都管他叫"圣小儿"，也就是小神童的意思。

祖莹不仅很聪明，还比别人都刻苦。祖莹在十二岁的时候，进入了北魏朝廷办的学校上学。在学校里，祖莹算是年龄很小的学生，但他一点儿也不贪玩，比别的同学更刻苦，从白天一直学习到深夜。

祖莹用功到什么程度呢？连他的爸爸妈妈都看不下去了，

他们害怕祖莹学得太晚累出病来，所以到了夜里，就禁止祖莹点灯看书。没想到，祖莹竟然偷偷地在家里的灰堆里面埋上火种，等爸爸妈妈睡着以后，就用火种点起火来偷偷看书。为了防止自己偷学时的火光被爸爸妈妈发现，祖莹就用衣服和被子把窗户都给塞住。后来，祖莹偷偷读书的故事成了一个历史典故，叫作"祖莹偷读"。

因为祖莹又聪明又刻苦，所以他在学校里也是高才生，老师上课的时候，一般都让祖莹来做主讲人。根据史书记载，有一天晚上，祖莹熬夜读书读得太晚了，所以第二天上学的时候匆匆忙忙就把课本给带错了。老师本来要讲的是《尚书》里的篇目，结果他不小心拿了室友的另一本书到课堂上。更要命的是，祖莹作为主讲人，得领着同学们来读课文。结果，祖莹把那天要讲的三篇课文全部一字不差地背了出来。后来，这件事情被老师和同学发现了，大家都觉得特别神奇。

没过多久，就连当时的皇帝，也就是北魏孝文帝也听说了这件事情。皇帝有点好奇，就把祖莹叫到了自己面前，让他背一背儒家经典文章，说说这些文章的意思。十几岁的祖莹在皇帝面前一点儿也不慌，把皇帝想听的知识流畅地讲了出来，让皇帝赞不绝口。祖莹成年后，皇帝把他封为了太学博士，接着又让祖莹去做官。就这样，祖莹的官越做越大，成了北魏朝廷里地位很高的大人物。

震惊到皇帝的李泌

李泌出生在唐朝的京城长安，他出生的时候，唐朝正处于太平盛世。

根据史书记载，李泌在很小的时候就展示出过人的学习天赋，七岁的时候就能写文章了。而且，李泌的运气也很不错。在他七岁那年，朝廷举办了一个活动，让全天下能够谈论佛教、道教和孔子学说的人，一起到皇宫里进行一次文化大辩论。李泌并没有参加这个活动，不过，他的一个叫员俶（chù）的亲戚去参加了。这个员俶其实也是个神童，当时只有九岁，就坐在皇宫的讲坛上和其他学者一起辩论问题，而且辩论的时候发言非常流畅，思想又深刻又尖锐，在场的人都非常佩服这个小孩。当时的皇帝唐玄宗也在现场观看这个活动，就问员俶这个小朋友说："在你们这些孩子里，还有像你这么厉害的人吗？"员俶说："有啊，我舅舅的儿子叫李泌，他也这么聪明！"

唐玄宗一听，把七岁的李泌叫到了皇宫里。李泌来到皇宫的时候，唐玄宗正在和别的大臣下棋，就让这个大臣来测试一下李泌的才华。这个大臣指着眼前的棋盘对李泌说："你看，这个棋盘是方的，棋子是圆的。那些还存活在棋盘上的棋子是能动的，棋盘上已经被围住的棋子是不能动的，也就是静止的。你不如来说一说，你对'方圆动静'的看法吧！"

李泌听了以后，几乎没花时间思考，立刻回答说："棋盘是方的，就好像做事情要符合仁义；棋子是圆的，就好比我们做事情运用智慧、灵活应变。有时候棋子能动，就好比我们在施展我们的才能；有时候棋子不能动，就好比我们静下心来去领会世间的道理。"唐玄宗听了李泌的话以后，非常高兴地说："这个孩子的才华和气质，远远超过他的身份啊，你们一定要好好培养这个孩子！"《三字经》里的"泌七岁，能赋棋"，说的就是这个故事。

　　后来，宰相张九龄听说了李泌这个小天才，就经常叫李泌来自己家里面玩。当时，张九龄有两个好朋友，一个朋友跟张九龄说话很直接，经常给张九龄提建议，另一个朋友总是对张九龄说好听的，很讨张九龄的喜欢。有一天，李泌正在张九龄家里玩,张九龄想到了自己的这两个朋友,就自言自语说:"我这个朋友性格太急躁,说话太直了,还是我另一个朋友性格比较好,比较讨人喜欢。"李泌听到了以后,立刻对张九龄说:"先生啊,你出身平民百姓家庭,一路做到了宰相,怎么会喜欢那种对你谄媚的人呢?"

张九龄一听,恍然大悟,连声说:"这件事是我错了!"因为李泌能准确地指出张九龄的问题,而且张九龄虽然贵为宰相,却是个很开明的人,所以之后张九龄见到李泌,都管他叫"小友",意思就是我的年轻朋友。

李泌在长大了以后,还是非常用功读书,很有学问,唐玄宗觉得太子和他一起学习肯定没坏处,就让他跟皇太子一起游玩学习,但没过多久,李泌就不干了。李泌这个人比较迷信,他很喜欢研究《易经》,最喜欢道家的神仙不死之术,所以离开官场后,他就跑到山里面隐居去了。在安史之乱的时候,当年的皇太子当上了皇帝,也就是唐肃宗,李泌就又回到了皇帝的身边。

李泌大概是看出来,官场太黑暗险恶了,所以唐肃宗要让李泌当大官,李泌却怎么也不愿意接受。也正因为这样,虽然这段时间朝廷里有着非常残酷的政治斗争,但是李泌却能够保全自己。在唐肃宗去世之后,李泌又辅佐了两任皇帝,他几次拒绝皇帝让他当宰相的要求,不过最后还是当上了唐朝的宰相。

祖莹和李泌从小就被人叫作天才,而且凭着自己的名声和能力，在儿童时代就得到了皇帝的夸奖，但他们都没有骄傲自满，而是活到老，学到老，也实现了自己的人生理想。

最后，我想补充两点。第一，天才和神童，都是可遇不可求的，我们没办法决定我们的基因，不可能想当天才就一定能成为天才。但是，我们每个人都有自己擅长的东西，在某些领域有一些天赋。

第二，祖莹和李泌最后都当上了大官，但大家不要认为人生成功的标志就是当上大官。在古时候，衡量读书人成功的标准非常单一，当大官可能是极少数之一。但现在不一样了，衡量一个人成功的标准有很多，成为一名科学家、成为一名军人、成为一名成功的企业家、成为一名有正义感的律师、成为一名有责任感的老师，各行各业，方方面面，都可以展现我们的才华，实现我们的价值。也希望大家尽量不要浪费自己的天赋和才华，保持自己的兴趣，立下自己的志向，早日实现自己的人生理想。

知识卡

莹八岁，能咏诗。泌七岁，能赋棋。
彼颖悟，人称奇。尔幼学，当效之。

北朝时候的祖莹，八岁的时候就能背诵《诗经》这样的经典了。唐朝的李泌，七岁的时候就能在皇帝面前即兴创作了。像祖莹和李

泌这样的人，他们天生就特别聪明，很有悟性，让人们觉得很神奇，大家也应该把他们当作榜样。

祖莹偷读

出自《魏书》，原文为"（祖莹）十二为中书学生，好学耽书，以昼继夜，父母恐其成疾，禁之不能止。常密于灰中藏火，驱逐僮仆，父母寝睡之后，燃火读书，以衣被蔽塞窗户，恐漏光明，为家人所觉"。意思是，祖莹在十二岁的时候，进入了北魏朝廷办的学校上学。在学校里，祖莹非常刻苦，从白天一直学习到深夜。祖莹的爸爸妈妈害怕祖莹学得太晚累出病来，所以到了夜里，就禁止祖莹点灯看书。没想到，祖莹竟然偷偷地在家里的灰堆里面埋上火种，等爸爸妈妈睡着以后，就用火种点起火来，偷偷地看书。为了防止自己偷偷学习时的火光被爸爸妈妈发现，祖莹就用衣服和被子把窗户都给塞住。

那些古代的才女

> 蔡文姬,能辨琴。
> 谢道韫,能咏吟。
> 彼女子,且聪敏。
> 尔男子,当自警。
>
> 蔡文姬和谢道韫为什么有名?
> 为什么说她们能留下名字很不容易?
> 焦尾,是把琴?

必须承认的是,中国古代的封建社会是一个男权社会,男性的地位要大大高于女性。但即便是在那样的时代,也有一些女性凭借着自己的才华在历史上留下了闪耀的光彩。《三字经》里就举了两个例子:

"蔡文姬,能辨琴。谢道韫(yùn),能咏吟。彼女子,且聪敏。尔男子,当自警。"

意思是说,蔡文姬能分辨出琴弦的声音,谢道韫能够吟诵出动人的诗句。像她们这样的女性,如此聪明敏捷,男子们也要提醒自己多多加油!

音乐天才蔡文姬

蔡文姬,名琰(yǎn),文姬是她的字,出生在东汉末年,她的爸爸叫蔡邕。

蔡邕是东汉末年重要的政治人物,也是曹操的老朋友,是著名的文学家,也是历史学家、书法家和音乐家。大学者傅玄曾经在《琴赋序》里列举了四把有名的古琴,分别是齐桓公的古琴"号钟"、楚庄王的古琴"绕梁"、司马相如的古琴"绿绮(qǐ)"和蔡邕的古琴"焦尾"。

蔡邕是怎么拥有"焦尾"这把出了名的古琴的呢?据史料记载,有一天,蔡邕走在路上,听到有人在烧木头,这木头在火里发出了噼噼啪啪的声响。蔡邕一听这个声音,就知道这是一块非常好的木材。蔡邕心想,如果让这块木头被烧光,那就太可惜了。他赶紧跑去把这块木头要了过来,用它做成了一把琴。因为这块木头的一端已经被烧焦了,所以他就管这把琴叫作"焦尾"。

从这个故事我们能看出来,蔡文姬的爸爸是一个音乐修养很高的人。作为蔡邕的女儿,蔡文姬不仅遗传了爸爸的艺术细胞,还得到了良好的艺术教育。

蔡文姬小的时候,她老爸蔡邕经常在家里弹琴。有一天晚上,蔡邕弹琴弹到一半,琴弦突然断了一根。蔡文姬随口说道:"爸爸把第二根琴弦给弹断了。"蔡邕一看,断的真是第二根琴弦,但他以为蔡文姬是碰运气说中的,所以弹着弹着,又故意弄断了第四根琴弦,想看看蔡文姬还能不能说对。没有悬念,这次蔡文姬又说对了。这就是《三字经》里说的"蔡文姬辨琴"的故事。

不过蔡文姬虽然是一个出身于世家大族的音乐才女,命运却非常坎坷。蔡文姬年轻的时候嫁了一个丈夫,但丈夫很快就去世了。蔡文姬回家守寡的时候,正逢东汉末年的战乱。当时,北方匈奴人的军队趁乱袭击了蔡文姬的家乡,把蔡文姬给抓走了。就这样,蔡文姬在匈奴人那里待了十几年,还给匈奴人生下了两个孩子。后来,蔡邕的朋友曹操掌握了权力,想起老朋友的女儿蔡文姬还在北方受苦,就花了很多很多钱把蔡文姬赎了回来,又把蔡文姬许配给了自己的一个下属。

这件事对蔡文姬造成了两个巨大的伤害。第一个伤害是,蔡文姬被匈奴人抓走之后吃了很多苦,她看到了很多乱世下战争中的惨状,遭受了一般人很难忍受的折磨,还被迫给抓走自己的敌人生了两个孩子。第二个伤害是,蔡文姬回到汉朝的时候,又被迫和自己的两个孩子骨肉分离。蔡文姬一生都没办法平息心中的痛苦,所以她就把自己悲惨的身世遭遇写成了文章,谱上了曲子,对着人们吟唱。被人们评为中国古代十大名曲之一的音乐作品《胡笳十八拍》相传为她所作,流传了上千年。

林下之风谢道韫

谢道韫出生在东晋时期,她的叔叔谢安是宰相,她的弟弟谢玄也是有名的将军。

在叔叔谢安的安排下,谢道韫嫁给了王羲之的儿子王凝之,王凝之背后的王氏家族和谢道韫背后的谢氏家族,是当时东晋最强大的两大家族。所以说,谢道韫的身边个个都是当时最顶尖的人才,谢道韫也是有名的豪门才女。

《世说新语》里记载了这样一个故事。在一个寒冷的大雪天,谢安组织了一场谢氏家族的家庭聚会,他看着大雪,跟家里的小辈们讲起了诗歌和文章。看着雪越来越大,谢安高兴地说:"白雪纷纷何所似?"意思是,大家觉得白雪纷纷落下来的样子像什么呢?

谢安的侄子谢朗说:"撒盐空中差可拟。"意思是说,这大雪差不多像在天空中撒盐的样子吧!

谢道韫说:"未若柳絮因风起。"意思是说,还不如说像是柳絮在风中飞舞的样子。

谢安听到谢道韫的话以后,开心地大笑起来。

大家想,在天空中撒盐是没有什么美感的,而且盐在空中很快就会落下来,和雪花在空中缓缓飘落的样子是不一样的。相比之下,谢道韫说的柳絮在空中飞舞的样子,不但更接近雪飘落时候的状态,还能够让我们想起自然美景。通过

这个故事我们也能看到，谢道韫小时候就拥有比家里的男孩子更高的文学才华。

谢道韫结婚以后，风采一点儿也没有减少。《世说新语》记载，曾经有一个尼姑看到谢道韫以后评价她说："神情散朗，故有林下风气。"意思是，谢道韫的神态和风度都非常飘逸爽朗，有隐居在山林中的名士那样的风采和气度。也正因为这个故事，后来人们会用"林下之风"这个成语来称颂女性洒脱飘逸的风采。

说到隐居在山林中的名士，最有名的是魏晋时代的"竹林七贤"，这是七个喜欢在竹林里聊天聚会的名士。谢道韫也确实挺喜欢竹林七贤的，她曾经模仿竹林七贤之一的嵇康写过一首诗，在这首诗里，谢道韫写道："时哉不我与，大运所飘飖（yáo）。"意思是说，可惜啊，我没生在好时候，不能随心所欲，只能让我的命运随风飘摇了！从这句诗中，我们也能感受到谢道韫那种放浪不羁爱自由的性情，这在中国古代的女性中是非常少见的。

除了音乐才女蔡文姬、文学才女谢道韫，我们古代还有帮助爸爸和哥哥完成了《汉书》的学术才女班昭，辅佐武则天治理天下的政治才女上官婉儿，留下很多著名诗词的文学才女鱼玄机、李清照，等等。但在中国古代的封建社会里，大多数女性连名字都没有，更别说在历史中留下自己的身影了。

而且，历史上很多有名的女性，往往并不是因为她们的才华和能力而青史留名，而是因为她们守妇道、遵从男性社会的规则才被古人们歌颂，这其实也是封建社会对女性的一种压迫。所以说，那些因为自己的才华和魅力留下名字的女性是非常稀少的，也是非常珍贵的。

随着时代的进步，现代女性通过自己的奋斗和努力，正在拥有更大更宽广的人生舞台。在说完这些古代才女的故事之后，我也希望看完这些故事的女生们，能够更自信，更勇敢，你们一定会向世界展示自己的才华和能力，实现自己的理想！

蔡文姬，能辨琴。谢道韫，能咏吟。
彼女子，且聪敏。尔男子，当自警。

蔡文姬能分辨出琴弦的声音，谢道韫能够吟诵出动人的诗句。像她们这样的女性，如此聪明敏捷，男子们也要提醒自己多多加油！

神情散朗，故有林下风气。

出自《世说新语》，是一个尼姑对谢道韫的评价。意思是说，谢道韫的神态和风度都非常飘逸爽朗，有隐居在山林中的名士那样的风采和气度。也正因为这个故事，后来人们会用"林下之风"这个成语来称颂女性洒脱飘逸的风采。

时哉不我与，大运所飘飖。

出自东晋谢道韫写的《拟嵇中散咏松诗》。意思是，可惜啊，我没生在好时候。不能随心所欲，只能让我的命运随风飘摇了！

98 "神童时代"背后的真相

唐刘晏,方七岁,举神童,作正字。彼虽幼,身已仕。尔幼学,勉而致。

七八岁的刘晏是怎么当上官的?

唐玄宗时代真有那么多神童吗?

之前我们讲过不少关于少年天才的故事,有的少年天才,比如方仲永,因为没有得到正确的培养,所以慢慢变成了普通人。还有的天才,如北朝的祖莹、唐朝的李泌,他们不仅聪明,而且能用功学习,后来也都实现了自己的理想抱负。

还有一种天才,出于各种各样的原因,他们在年纪很小的时候就获得了官职。《三字经》里举了刘晏的例子:

"唐刘晏,方七岁,举神童,作正字。彼虽幼,身已仕。尔幼学,勉而致。"

意思是说,唐朝的刘晏在七岁时就得到了"神童"的称号,当上了校对书籍的官。他年纪虽小,却已经得到了官职,所以大家也要努力学习,争取达到刘晏那样的水平。

刘晏为什么七八岁就能当上官？

开元十三年（725年）十一月，当时正是大唐盛世，唐玄宗带领文武百官来到泰山封禅。

泰山封禅的历史非常悠久，一般来说，去泰山封禅既代表着国家的实力非常强大，也代表着皇帝的文治武功获得了天下的认可，所以唐玄宗非常重视这次典礼。根据《新唐书》和《唐语林》的记载，在唐玄宗举行典礼的时候，一个八岁的孩子来到了唐玄宗居住的地方，说自己叫刘晏，写了一篇歌颂皇帝封禅的文章，叫《东封书》，要献给皇帝。

唐玄宗一听还有这种事，马上就来了兴致，他仔细看了这篇文章，觉得写得非常不错。但同时也很怀疑这篇文章到底是不是这个孩子写的。所以，唐玄宗就让宰相去看看这个小孩到底有没有真才实学。宰相亲自去和八岁的刘晏聊了几句后，跟唐玄宗说："这个孩子是国家的祥瑞啊！"

既然刘晏得到了宰相的认可，唐玄宗就让他做了太子正字，主要负责校对书籍。

刘晏这个官当得怎么样？刘晏十岁的时候，有一次唐玄宗在勤政楼宴客，他把刘晏叫上楼，贵妃将刘晏抱在腿上，给他梳洗、化妆，下面众人表演、作诗，好不欢乐。唐玄宗想要考考刘晏，就问他："你不是太子正字嘛，你一共校正了几个字呢？"

刘晏说："天下的字都是正确的，只有一个'朋'字还没有被校正过来。"刘晏之所以说这句话，一方面是因为"朋"

这个字的结构本身就是有点向右边歪①的，不够方正；另一方面是因为当时朝廷里有很多官员以朋友的名义抱团，勾结在一起，危害了国家的统治，刘晏是在用这个字向皇帝提出自己的建议。听到这话的人都觉得他说得很妙。

在这之后，刘晏一边当官，一边学习，他的学问越来越大，官也做得越来越大。后来唐朝爆发了安史之乱。我们在前文说过，安史之乱给唐朝的经济造成了巨大的打击，在安史之乱后，刘晏当上了宰相，他领导了一系列经济改革，制定了很多经济政策，为唐朝在战乱后恢复经济做出了重大贡献。

但问题来了：刘晏在七八岁那么小的年纪，怎么就能当上官呢？这种现象到底符合唐朝的规定吗？

我们先从制度上来看。

刘晏七八岁当官这件事符合唐朝的制度规定吗？其实倒也是符合的。在唐朝前中期的时候，科举考试里专门有一个科目叫"童子科"。根据规定，只要是十岁以下的孩子，能够把《孝经》《论语》和其他任意一本儒家经典学明白，并且通过朗诵等考试，就有机会得到官职。

当然，一般来说，朝廷也不指望这些不到十岁的孩子真的能做多少工作，让这些孩子当官，主要还是用一种官方的手段来培养他们。所以说，刘晏很有可能就是通过童子科这个途径当上官的。

---

① 唐朝时，"朋"字的写法类似于"*朋*"。——编者注

但在这层表面原因之后，可能还有一些更值得我们思索的真相。

我们刚才也说了，刘晏的才华能够得到唐玄宗的认可，最直接的原因是他在唐玄宗去泰山封禅的时候，跑到皇帝住的地方献上了一篇歌颂皇帝的文章。大家想，刘晏虽然出生在山东，住的地方距离泰山不算远，但是他作为一个七八岁的小孩，肯定不可能是一个人跑去找皇帝的。而且，一个七八岁的小孩，也很难想到要去写一篇歌颂皇帝的文章献给皇帝。所以最大的可能就是，刘晏去找唐玄宗，背后有高人的指点。

另外，我们在前文讲过神童李泌去见唐玄宗的故事，好像唐玄宗时期，国家特别盛产神童。而到了安史之乱以后，唐朝的神童好像就没那么多了。其实这也反映出了另一个问题：

神童不一定真的是被选拔出来的，而可能是被人为地炮制出来的。

为什么唐玄宗时代会有那么多的神童冒出来呢？我们可以回想一下，刘晏的故事里有这样一个细节。他和宰相聊完天以后，宰相跟唐玄宗说："这个孩子是国家的祥瑞啊！"我们可以看到，刘晏明明只是一个神童，却被说成是国家的祥瑞，而在封建时代，国家出现祥瑞，一般被认为是皇帝贤能英明的象征。当神童被看作祥瑞来证明皇帝英明统治的时候，全国各地经常冒出各种各样的神童，当然也就不稀奇了。

所以，到底是唐玄宗时代真的有那么多神童，还是有人知道唐玄宗喜欢看到有很多神童出现呢？这个问题，留给大家自己思考吧。

最后再补充两件事。

第一,在唐玄宗时代,虽然像刘晏这样的神童七八岁就能当官,但著名的大诗人杜甫在长安花了将近十年的时间,不论怎么参加考试,就算文章被选拔出来了,也混不到一官半职。

第二,安史之乱后,童子科这门选拔考试就慢慢被取消了。

这两件事,也留给大家慢慢体会吧。

唐刘晏，方七岁，举神童，作正字。
彼虽幼，身已仕。尔幼学，勉而致。

唐朝的刘晏在七岁时就得到了"神童"的称号，当上了校对书籍的官。他年纪虽小，却已经得到了官职，所以大家也要勤奋努力，争取达到刘晏那样的水平。

99 古人喜欢拿哪些动物做榜样?

> 犬守夜,鸡司晨。
> 苟不学,曷为人?
> 蚕吐丝,蜂酿蜜。
> 人不学,不如物。
>
> 问鸡起舞的故事是怎么回事?
> 狗为什么能守夜?
> 蚕吐丝、蜂酿蜜真的是为了造福人类吗?
> 骂马和笨鸟又给了人们什么样的启示?

自古以来,人类就和动物朋友们生活在一起。虽然我们总是说,人类是万物之灵长,是高等动物,但其实我们也从动物身上获得了各种各样的知识,并且从动物的生活习性中总结出一些激励我们奋发向上的精神品质。比如《三字经》里就说:

"犬守夜,鸡司晨。苟不学,曷为人?蚕吐丝,蜂酿蜜。人不学,不如物。"

意思是说,狗能够一整夜都看家护院,公鸡在大清早就会报晓打鸣。人如果不学会一些本领,又怎么称得上是人呢?蚕能吐丝,蜜蜂能酿造蜂蜜,人如果不学会一些技能,还不如动物呢。

那么,中国古代人喜欢用哪些动物来做激励人们的榜样呢?

看门的狗

一说到狗,我们下意识就会想到"看门狗"这个词。

在古代的乡村里面,大部分狗都不能算是宠物,它们更像是二十四小时工作的活体警报器,能够提醒主人:有陌生人来到家附近了!狗之所以拥有看门护院的本领,是因为它的生理特性。除了大家都知道的,它们的鼻子特别灵敏,听觉非常敏锐,狗还有一个特性,那就是睡眠习惯和人不太一样。

有人看到《三字经》里的"犬守夜"这三个字,可能以为狗能够一整夜都不睡觉,其实狗平均每天所需要的睡眠时间比人类长得多,一般在10~16个小时。所以,只要一有空,狗就会闭着眼睛趴在地上,它们不但在夜里睡觉,在白天也睡觉。但是,狗睡觉比较浅,就算睡着了也保持很高的警觉性,稍有点风吹草动,尤其是感受到陌生人靠近的时候,狗就会惊醒。换句话说,狗在睡觉的时候,也能拥有看家护院的能力。

大概正是因为狗时时刻刻都能保持警觉,在休息的时候也能负起自己看家的职责,所以才会被古人看成勤劳的榜样。

和狗相比,公鸡能激励古人去刻苦学习就更好理解了。

勤奋的鸡

我们都知道，公鸡有一个重要的生活习性，那就是在天快要亮的时候，它们会在外界光线变化和内在生物激素的影响下，高亢地鸣叫起来，也就是我们常说的"打鸣"。因为公鸡打鸣的时间总是很早，所以在古人眼里，公鸡可以说是动物界的早起标兵了。在古代，如果有人也能像公鸡那样早起去学习或者训练，那他往往会被看成一个勤奋的人。有一个成语叫"闻鸡起舞"，说的就是这样一个历史故事。

根据《晋书》和《资治通鉴》的记载，西晋时有一个叫

祖逖（tì）的人，他在二十多岁的时候和刘琨一起做官。祖逖和刘琨不仅是同事，还是特别要好的哥们儿，两个人经常整夜整夜地聊天，说累了就睡在一起。

有一天半夜，祖逖听到外面公鸡的打鸣声，他就把旁边的好哥们儿刘琨给喊醒了，跟他说："公鸡开始叫了！这可不是什么令人厌恶的声音啊！"说完，祖逖就拉着哥们儿起床，一起舞剑。后来，这个故事演变出了"闻鸡起舞"这个成语。这个成语从字面意思来看，就是在清晨一听到鸡叫，就起床开始舞剑，主要指的是那种在学习或者训练中勤奋刻苦、坚持不懈的精神。在历史上，闻鸡起舞的主角祖逖和刘琨后来都做出了很大的成就。

辛苦的蚕和蜜蜂

《三字经》里提到的蚕和蜜蜂虽然都是小小的昆虫，但它们的习性却能够激励人们去努力地学习和工作。

在蚕宝宝的体内，有一个特殊的器官叫绢丝腺，这个器官能够把蚕宝宝吃掉的桑叶里的某些营养成分储存起来，变成蚕丝的原料。当蚕宝宝发育到一定阶段的时候，它们就会开始吐丝，吐出来的丝在空气中经牵引凝固形成一个厚厚的囊形结构，并把自己包裹在里面，这就是蚕茧，这个过程就叫作"结茧"。

蚕结茧当然不是为了给人类提供蚕丝，而是为了让自己拥有一个相对比较安全的生存空间，从而一步一步蜕变成它们发育的最终形态——蚕蛾。但是，因为蚕丝能制作出珍贵的丝绸，所以不管蚕自己愿不愿意，在古人眼里，蚕就是一种辛辛苦苦吐出蚕丝来造福人类的昆虫，所以古人才会歌颂蚕这种辛苦劳动和付出的精神。

古人歌颂蜜蜂，也是因为勤劳的蜜蜂能酿造出甜美的蜂蜜，是一种造福人类的昆虫。

不过，蜜蜂是一种社会性动物，在蜜蜂的社会群体里，不同种类的蜜蜂有着不同的社会分工。在一个蜂窝里，有负责繁衍后代的蜂王和雄蜂，也有负责劳动和采蜜的工蜂。我们看到的那些勤劳采蜜的蜜蜂，其实都是工蜂。

工蜂们酿造的蜂蜜不仅要提供给不出去采蜜的蜂王和雄蜂们吃，可能还会被人类拿走去吃。所以，有的诗人并不是一味地去歌颂蜜蜂有多么勤劳，还很同情这些蜜蜂的辛苦。比如，唐朝的诗人罗隐就写过这样一句诗："采得百花成蜜后，为谁辛苦为谁甜。"诗人表示，这些蜜蜂辛辛苦苦，终于采回花蜜酿成了蜂蜜，自己却不一定享受得到，也不知道是为了谁辛苦，让谁获得这些甜美的劳动成果呢。

除了《三字经》里提到的这四种动物，能够激励古人学习的动物还有很多。

先飞的鸟

我们在高中的时候,会学习儒家学者荀子的一篇文章,叫《劝学》。在这篇文章里,荀子找了好几种动物作为例子,来论证人为什么要好好学习。比如关于马这种动物,荀子写道:"骐骥一跃,不能十步;驽马十驾,功在不舍。"意思是说,上等的骏马跳跃一次,也没法达到走十步那么远,但能力比较弱的下等马拉着车连续行走十天,也能到达目的地,下等马能成功,是因为它能够坚持而不停止。在这句话里,荀子就用马做例子,来鼓励人们在学习的时候也要坚持不懈地努力。

在元代文学家关汉卿的戏剧作品《状元堂陈母教子》里也有一句台词表达了类似的意思,这句台词是戏剧里还没中状元的弟弟对中了状元的哥哥说的:"我似那灵禽在后,你这等坌(笨)鸟先飞。"意思是说,我就像那灵鸟落在后面,像你这样的笨鸟却因为先起飞而成功了。

后来人们从这句台词里总结出了一个成语,叫作"笨鸟先飞",指的是一个人虽然能力弱了点,但他知道自己的不足,害怕比别人差,所以更加刻苦努力,比别人更早地去行动。我们能够从这个成语中看到,古人是怎样从鸟这种动物身上获得感悟和学习的动力的。

犬守夜，鸡司晨。苟不学，曷为人？
蚕吐丝，蜂酿蜜。人不学，不如物。

狗能够一整夜都看家护院，公鸡在大清早就会报晓打鸣。人如果不学会一些本领，又怎么称得上是人呢？蚕能吐丝，蜜蜂能酿造蜂蜜，人如果不学会一些技能，还不如动物呢。

采得百花成蜜后，为谁辛苦为谁甜。

出自唐代诗人罗隐的《蜂》。意思是说，蜜蜂辛辛苦苦，终于采回花蜜酿成了蜂蜜，自己却不一定享受得到，也不知道是为了谁辛苦，让谁获得这些甜美的劳动成果呢。

骐骥一跃，不能十步；驽马十驾，功在不舍。

出自《荀子·劝学》。意思是说，上等的骏马跳跃一次，也没法达到走十步那么远，但能力比较弱的下等马拉着车连续行走十天，也能到达目的地，下等马能成功，是因为它能够坚持而不停止。

笨鸟先飞

出自元代文学家关汉卿的戏剧作品《状元堂陈母教子》:"我似那灵禽在后,你这等坌(笨)鸟先飞。"意思是说,我就像那灵鸟落在后面,而像你这样的笨鸟却因为先起飞而成功了。人们从这句台词里总结出成语"笨鸟先飞",用来比喻一个人虽然能力弱了点,但他知道自己的不足,害怕比别人差,所以更加刻苦努力,比别人更早地去行动。

100 什么是"三不朽"?

幼习业,壮致身。上匡国,下利民。扬名声,显父母,光于前,裕于后。中国古代读书人对于"不朽"有着什么样的愿望?什么是"三不朽"?哪些人做到了"立德""立功""立言"?

《论语》里记载了孔子的这样一句话:"君子疾没世而名不称焉。"意思是说,君子会担心自己去世以后不被人们称颂。《孝经》里面也记载了孔子说过的一句意思差不多的话:"立身行道,扬名于后世,以显父母,孝之终也。"意思是说,人只有说话、办事都符合仁义道德的要求,才能让自己的名声流传于后世,从而让父母也能够因此而获得荣耀,这就是孝的终极目标。

有观点认为,对中国古代的读书人来说,他们读书和创作有一个很重要的目的,那就是让自己的作品保留在历史的长河之中,让自己名垂千古,永垂不朽。

除了《论语》和《孝经》,《三字经》里也有这样的话:

"幼习业,壮致身。上匡国,下利民。扬名声,显父母,光于前，裕于后。"

意思是说，我们小时候要努力学习，长大了以后要好好运用自己学到的知识，为国家出一份力，为人民做出自己的贡献。我们要尽量让自己拥有好的名声，让自己的父母为此而感到光荣，这样就能够光宗耀祖、造福后代了。

那么，在中国古代读书人的眼里，怎样才能名垂千古，让自己永远地活在一代又一代人的心中呢？

"三不朽"的由来

古人认为，要有很高的道德修养和功劳成绩才能名垂千古。

我们来看看《左传》里记载的一个故事。在春秋时代，一个叫穆叔的鲁国人来到了晋国，晋国的大臣范宣子过去迎接他的时候，问他说："古人说过这样一句话，'死而不朽'（死掉了却没有腐朽变质），这是什么意思啊？"

穆叔想了想，没有立即回答。

范宣子看穆叔没说话，就接着说："从前，我范宣子的祖先，在舜之前的时代是陶唐氏，到了夏朝变成了御龙氏，在商朝变成了豕韦氏，在周朝变成了唐杜氏，到了现在，在晋国主持中原盟会的时候，我的家族叫作范氏。我的家族几千年里一直在传承，我觉得，'死而不朽'这句话，应该说的就是这样的事情吧!"

穆叔摇了摇头,说:"据我所知,你说的这种情况,应该叫贵族世世代代能享受到的家族待遇,不能说是不朽。我来举个例子。在鲁国,有一个叫臧(zāng)文仲的大臣,在他去世了以后,他说过的很多话还在流传,一直没有被人们忘记。像这种情况,应该才叫不朽吧。"

穆叔接着跟范宣子解释到底怎么做才能"死而不朽":"'大上有立德,其次有立功,其次有立言',虽久不废,此之谓不朽。"意思是说,最重要的是树立自己的德行,其次是树立自己的功劳事业,再次是树立自己的言论,如果一个人能做到这些事情,就算这个人死了很长时间,他的德行、功劳和言论也不会被人忘记或者抛弃,这就叫作不朽。

后来,古代的读书人从这个故事里面,总结出了一个人名垂千古的三个重要的方法,分别是立德、立功和立言。这三个方法就叫作"三立"或者"三不朽"。

立德:不能光自己好

按照"三不朽"的说法,要想名垂千古,最高等级的方法就是"立德"。

"立德",从字面意思来看,就是树立自己的德行。但大家想,一个人只是洁身自好,很有道德修养,就一定能成为道德模范，在历史上留下名字吗？这恐怕很难。

对于"立德"这个概念，孔子三十二代孙、唐朝的大儒学家孔颖达是这么解释的："立德，谓创制垂法，博施济众，圣德立于上代，惠泽被于无穷。"意思是说，"立德"指的是一个人能够通过自己的力量，建立起一套新的法律和道德制度规范，并且把这种新制度、新规范推广给大众，在自己的时代里把自己圣明的道德规范树立起来，让这种道德规范造福子孙后代无穷无尽的人。

按照这个标准，"立德"的要求是非常高的，能符合"立德"这个标准的古人就比较少了。像是西周的开国元勋周公旦，应该就算是一个"立德"的典范。周公旦是一个很有能力，也很有道德修养的人，他在年轻的时候辅佐周武王一步步灭掉了商朝。在周武王去世之后，因为周武王的儿子周成王还是个小孩子，没办法亲自治理国家，周公旦就肩负起治理国家的责任。在几年的时间里，周公旦先是帮助周成王平定了内部的叛乱，然后为周成王建了周王城，接着又为周朝制定了一系列政治制度，也就是礼乐制度。

换句话说，周公旦利用自己高尚的道德修养，给周朝制定了礼乐制度，这套礼乐制度在后来的几百年乃至上千年里，都影响着中国人的道德标准。更可贵的是，周公旦一辈子都保持着高尚的道德水准，在完成了这些造福天下的大事后，并没有贪图治理国家的大权，把权力归还给了周成王。所以说，周公旦完全称得上是一个做到了"立德"的人。也正因为如此，在周公旦去世之后，包括孔子在内的无数后来人都把他当作圣人，把他当作自己的道德榜样。

立功：能解决当时的困难

那有没有比"立德"简单一点的方法呢？有，那就是"立功"。

按照孔颖达的说法："立功，谓拯厄除难，功济于时。"意思是说，立功指的是一个人能够拯救困苦，排除灾难，让自己的功绩解决当时的困难。

北宋前期的宰相寇准，可以说是一个"立功"的典范。在北宋前期，辽国的军队经常南下入侵宋朝。北宋虽然经济实力很强，但是军事实力比较弱，老是打不过北方的辽国。当时，辽国的太后和皇帝亲自率领大军前来攻打北宋。在这个危急的时刻，很多大臣都没有战胜辽国的信心，就连皇帝宋真宗都想向南边逃跑，但是寇准却坚决认为，必须和辽国的军队打到底，才能保住宋朝的江山。

后来皇帝宋真宗听从了寇准的建议，和寇准亲自来到前线指挥战斗，最后指挥军队战胜了辽国军队，在澶州这个地方和辽国签订了盟约，史称"澶渊之盟"。因为寇准的功劳，北宋不但化解了当时的危险局面，而且在接下来的很长一段时间里，都没有再和辽国有什么大规模的冲突，给国家、百姓带来了珍贵的和平。所以说,寇准称得上是一个"立功"的人,千年以来,他的功劳得到了世世代代的称赞。

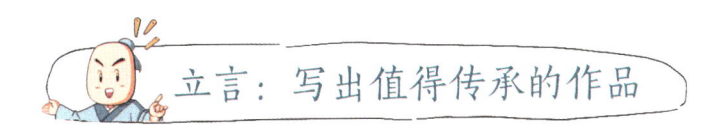

立言:写出值得传承的作品

除了立德和立功,还有什么办法吗?有,那就是"立言"。

按照孔颖达的说法:"立言,谓言得其要,理足可传……其身既没,其言尚存。"意思是说,"立言"指的是一个人说的话能够包含知识的要领,讲的道理要有能够传承下去的价值,这样就算他去世了,他的言论也能被保留在这个世界上。

和"立德""立功"相比,"立言"的要求相对来说更低一点。总体来说,只要一个人能够刻苦学习、努力探索知识,写出值得人们传承的学术作品,就能够达到"立言"的要求。不论是孔子、孟子、老子、庄子、荀子、孙子这样的先秦诸子,还是司马迁、班固、孔颖达、韩愈这样的学者,都可以说是"立言"的代表人物。另外,如果一个人很有文学天赋,就算没有进行刻苦的研究学习,也有机会达到"立言"的水平,像李白、杜甫等文学家,也可以说是因为"立言"被后世的人记住的。

李白自己也有"立言"的愿望,他曾经在诗里面说:"立言补过,庶存不朽。"意思是说,我想要留下这些诗句来弥

补我的过错,希望通过这种方式来永垂不朽。

当然,像李白这样洒脱的诗人,虽然也想要不朽的名声,但却并没有那么看重这种东西。李白还写过这么一句诗:"且乐生前一杯酒,何须身后千载名。"意思是说,我们还是痛痛快快地把眼前这杯酒喝掉吧,别管自己死去以后上千年的名声了!所以想让自己扬名立万当然是好的,但更重要的是修养身心、努力学习,也就是立德、立功、立言的过程。希望同学们都能享受自己生命的过程,用自己的努力不断创造价值,活在当下,活好当下,不浪费自己的大好时光。

知识卡

幼习业，壮致身。上匡国，下利民。
扬名声，显父母，光于前，裕于后。

我们小时候要努力学习，长大了以后要好好运用自己学到的知识，为国家出一份力，为人民做出自己的贡献。我们要尽量让自己拥有好的名声，让自己的父母为此而感到光荣，这样就能够光宗耀祖、造福后代了。

君子疾没世而名不称焉。

出自《论语》。意思是说，君子会担心自己去世后不被人们称颂。

立身行道，扬名于后世，以显父母，孝之终也。

出自《孝经》。意思是说，人只有说话办事都符合仁义道德的要求，才能让自己的名声流传于后世，从而让父母也能够因此获得荣耀，这就是孝的终极目标。

"大上有立德,其次有立功,其次有立言",
虽久不废,此之谓不朽。

出自《左传·襄公二十四年》。意思是说,最重要的是树立自己的德行,其次是树立自己的功劳事业,再次是树立自己的言论,如果一个人能做到这些事情,就算这个人死了很久,他的德行、功劳和言论也不会被人忘记或者抛弃,这就叫作不朽。

立德,谓创制垂法,博施济众,圣德立于上代,惠泽被于无穷。
立功,谓拯厄除难,功济于时。
立言,谓言得其要,理足可传……其身既没,其言尚存。

出自《春秋左传正义》中孔颖达的注疏。意思是说,"立德"指的是一个人能够通过自己的力量,建立起一套新的法律和道德制度规范,并且把这种新制度、新规范推广给大众,在自己的时代里,把自己圣明的道德规范树立起来,让这种道德规范造福子孙后代无穷无尽的人。"立功"指的是一个人能够拯救困苦、排除灾难、让自己的功绩解决当时的困难。"立言"指的是一个人说的话能够包含知识的要领、讲的道理要有能够传承下去的价值，这样一来，就算他去世了，他的言论也能被保留在这个世界上。

立言补过，庶存不朽。

出自李白的《雪谗诗赠友人》。意思是说，我想要留下这些诗句来弥补我的过错，希望通过这种方式来永垂不朽。

且乐生前一杯酒，何须身后千载名。

出自李白的《行路难·其三》。意思是说，我们还是痛痛快快地把眼前这杯酒喝掉吧，别管自己死去以后上千年的名声了！

101 不要辜负自己的未来

人遗子，金满籯。
我教子，惟一经。
勤有功，戏无益。
戒之哉，宜勉力。

盛言怀的巨额财产最后怎么样了？
你怎么知道长大要干什么？
为什么说你们是幸运的一代？

这是整本书的最后一篇了。

在开始这篇之前，我们先来看看《三字经》的最后几句是怎么说的。作为《三字经》的收尾，作者王应麟是这么写的：

"人遗子，金满籯（yíng）。我教子，惟一经。勤有功，戏无益。戒之哉，宜勉力。"

"籯"，就是竹子编的笼子、箱子。整句话的意思是，许多人疼爱孩子的方法，就是给他们留下享用不尽的金银财宝，但我给孩子留下的，是这本《三字经》。只要勤奋刻苦，总会有回报的，而游手好闲、不知上进，是没有任何好处的。所以我们要经常自警，要更加勤勉努力才对啊！

这就是王应麟在写完《三字经》之后，想对自己的孩子以及全天下的孩子说的话。

我在《三千世界三字经1》中说过，王应麟的最初版本《三字经》后来经过很多人的改编和扩充，但历朝历代的版本，对这最后几句始终没有改过，我们采用的章太炎先生的版本同样保留了这几句，可见大家都非常认同这几句话。

所以在这最后一篇里，我也想借着这几句话，和大家聊聊我自己的一些感想。

想和大家说一个故事。

在晚清时期，有一个著名的大商人叫盛宣怀，他当时可谓富可敌国，产业做得非常大。他去世后，出于各种原因，几乎所有的财产都到了他的第四个儿子手中。这个儿子叫盛恩颐，当时盛宣怀留给他的财产，光现金大概就超过了3000万两白银。

大家不要小看这个数字，以后你们在历史课上会学到，清政府曾经签订过一个耻辱的条约叫《马关条约》，其中有一条是中国割让辽东半岛给日本。几个月后，又要求中国支付一大笔钱赎回本来就属于我们的辽东半岛。辽东半岛是我国三大半岛之一，面积3.7万余平方公里，物产丰富。我们需要付多少钱呢？就是3000万两白银。换句话说，当时的3000万两白银是一笔巨款。除了这3000万两白银，盛宣怀还给他的儿子盛恩颐留下了很多股票、地契和公司，包括当时中国最大的煤矿公司汉冶萍公司。

那么盛恩颐是怎样的一个人呢？他是一个标准的纨（wán）绔（kù）子弟，吃喝嫖赌抽，样样俱全，那么大的一笔财富，最终都被他败光了。到了1958年，盛恩颐几乎陷入了贫困，连香烟都快抽不起了，最后病死在苏州留园盛家的一个门房里。中国有一句话叫"富不过三代"，盛家那么大的基业，却富不过二代。

听完这个故事，再来看"人遗子，金满籯。我教子，惟一经"这两句话，大家是不是能理解得更深刻一些？有时候，上一辈留给下一辈再多的金银财宝，都不如教下一辈更多的做人道理，让他们能够有正确的人生观和价值观。当然，这并不是说有钱人家一定就会教出败家子，很多名门望族也延续了很久，但只要你去看原因就会发现，那一定是父母从子女小的时候就严格地教育，家风也非常好，所以家族的财富和威望会一代代传下去。

从这个角度来看，并不是说学习一本《三字经》就可以了，而是说《三字经》反映了很多对传统文化的理解，对民族历史的记忆，对为人处事的感悟，对是非正邪的区分。《三字经》里并非没有糟粕，之前我也说过不少了，但确实有很多东西可以给大家一个最初的启蒙、正确的引导，这也是我写这本书的一个重要原因。

至于后两句，"勤有功，戏无益。戒之哉，宜勉力"，我相信，其实道理大家都懂，谁都知道要刻苦努力，不要浪费时间。

但问题是，知道容易，做到却没那么容易，对不对？说实话，我小时候和大家一样，也会偷懒，也想玩耍，因为这是人的天性。其实我还希望，爸爸妈妈对孩子们小小的偷懒，有时候不妨睁一只眼，闭一只眼，因为孩子们还是需要一些休息，以及那种偷偷得到休息的短暂乐趣的。当然，大方向不能出问题，小小的偷懒之后，该干什么还是要干什么。

那么有人可能会问，既然偷懒是天性，怎么克服呢？其实说难也不难，就是要树立一个正确的目标，知道自己要干什么，并且知道要怎么去干。这个道理听上去似乎有点空洞，但其实这就是客观存在的真实道理。也许你会说："我并不知道我要干什么，该怎么做啊？"不用急，多听听、多看看古往今来有关的故事和例子，看看那些人是怎么想的，怎么做的。慢慢地，你心中那颗小种子就会发芽，成长，然后你小心呵护它、守护它，它今后就会长成一棵参天大树。

同学们，你们正处于一个前所未有的好时代，处于一个让我非常羡慕的时代，无论从科技、文明还是环境来看，你们都拥有远远超过你们上一辈人的机会和前景。越是这样，你们越要珍惜，不要辜负自己的未来，努力，努力，再努力！

我们的《三千世界三字经》，到这篇就告一段落了，但我相信，我们的缘分未尽。

衷心祝愿大家，学习进步，身体健康，天天开心！

让我们，下本书见！

人遗子，金满籯。我教子，惟一经。
勤有功，戏无益。戒之哉，宜勉力。

许多人疼爱孩子的方法，就是给他们留下享用不尽的金银财宝，但我给孩子留下的，是这本《三字经》。只要勤奋刻苦，总会有回报的，而游手好闲、不知上进，是没有任何好处的。所以我们要经常自警，要更加勤勉努力才对啊！

知识卡

参考文献

1. 〔春秋〕左丘明撰，〔晋〕杜预集解，李梦生整理，《春秋左传集解》，凤凰出版社。
2. 徐元诰撰，王树民、沈长云点校，《国语集解》，中华书局。
3. 朱维铮主编，"中国经学史基本丛书"，上海书店出版社。
4. 何建章注释，《战国策注释》，中华书局。
5. 何宁撰，《淮南子集释》，中华书局。
6. 〔汉〕司马迁撰，《史记》，中华书局。
7. 黄晖撰，《论衡校释》，中华书局。
8. 〔汉〕王逸章句，〔宋〕洪兴祖补注，〔宋〕朱熹集注，夏剑钦、吴广平校点，《楚辞章句补注：楚辞集注》，岳麓书社。
9. 〔汉〕许慎撰，说文解字，中华书局。
10. 钱宝琮点校，《算经十书》，中华书局。
11. 〔汉〕赵岐等撰，〔清〕张澍辑，陈晓捷注，《三辅决录·三辅故事·三辅旧事》，三秦出版社。
12. 〔魏〕王弼注，楼宇烈校释，《老子道德经注校释》，中华书局。
13. 〔晋〕陈寿撰，陈乃乾校点，《三国志》，中华书局。
14. 〔晋〕干宝、〔宋〕陶潜撰，李剑国辑校，《搜神记辑校　搜神后记辑校》，中华书局。

15. 〔清〕郝懿行撰,安作璋主编,《郝懿行集》,齐鲁书社。
16. 〔晋〕郭象注,〔唐〕成玄英疏,曹础基、黄兰发点校,《南华真经注疏》,中华书局。
17. 逯钦立校注,《陶渊明集》,中华书局。
18. 〔北魏〕郦道元撰,陈桥驿校证,《水经注校证》,中华书局。
19. 〔南朝宋〕范晔撰,〔唐〕李贤等注,《后汉书》,中华书局。
20. 〔南朝宋〕刘义庆撰,〔南朝梁〕刘孝标注,《世说新语笺疏》,中华书局。
21. 〔南朝梁〕沈约撰,《宋书》,中华书局。
22. 〔南朝梁〕萧子显撰,《南齐书》,中华书局。
23. 〔北齐〕魏收撰,《魏书》,中华书局。
24. 谢思炜撰,《白居易诗集校注》,中华书局。
25. 〔唐〕杜甫撰,〔清〕仇兆鳌注,《杜诗详注》,中华书局。
26. 吴在庆撰,《杜牧集系年校注》,中华书局。
27. 〔唐〕房玄龄等撰,《晋书》,中华书局。
28. 〔清〕方世举撰,郝润华、丁俊丽整理,《韩昌黎诗集编年笺注》,中华书局。
29. 〔唐〕李白撰,安旗、薛天纬等笺注,《李白全集编年笺注》,中华书局。
30. 〔唐〕李百药撰,《北齐书》,中华书局。
31. 〔唐〕李延寿撰,《北史》,中华书局。
32. 〔唐〕令狐德棻等撰,《周书》,中华书局。
33. 〔唐〕柳宗元撰,尹占华、韩文奇校注,《柳宗元集校注》,中华书局。
34. 〔唐〕欧阳询撰,《宋本艺文类聚》,上海古籍出版社。
35. 〔唐〕魏征等撰,《隋书》,中华书局。
36. 〔唐〕姚思廉撰,《梁书》,中华书局。
37. 〔唐〕姚思廉撰,《陈书》,中华书局。

38. 〔后晋〕刘昫等撰，《旧唐书》，中华书局。
39. 〔宋〕范仲淹撰，李勇先、刘琳、王蓉贵点校，《范仲淹全集》，中华书局。
40. 〔宋〕黎靖德编，王星贤点校，《朱子语类》，中华书局。
41. 〔宋〕陆九渊撰，钟哲点校，《陆九渊集》，中华书局。
42. 〔宋〕欧阳修撰，〔宋〕徐无党注，《新五代史》，中华书局。
43. 〔宋〕欧阳修、〔宋〕宋祁撰，《新唐书》，中华书局。
44. 〔宋〕司马光编著，〔元〕胡三省音注，"标点资治通鉴小组"校点，《资治通鉴》，中华书局。
45. 〔清〕王文诰辑注，孔凡礼点校，《苏轼诗集》，中华书局。
46. 〔宋〕王安石撰，刘成国点校，《王安石文集》，中华书局。
47. 〔宋〕王安石撰，〔宋〕李壁笺注，〔宋〕刘辰翁评点，董岑仕点校，《王安石诗笺注》，中华书局。
48. 〔宋〕文天祥撰，刘文源校笺，《文天祥诗集校笺》，中华书局。
49. 〔宋〕辛弃疾撰，辛更儒笺注，《辛弃疾集编年笺注》，中华书局。
50. 〔宋〕薛居正等撰，《旧五代史》，中华书局。
51. 〔宋〕张载撰，刘泉校注，《横渠易说校注》，中华书局。
52. 〔宋〕周敦颐撰，陈克明点校，《周敦颐集》，中华书局。
53. 〔宋〕朱熹注，王华宝整理，《诗集传》，凤凰出版社。
54. 〔宋〕朱熹集注，郭万金编校，《论语集注》，商务印书馆。
55. 〔宋〕朱熹撰，《四书章句集注》，中华书局。
56. 马欣来辑校，《关汉卿集》，三晋出版。
57. 喻涵、湘子译注，《孝经·二十四孝图》，岳麓书社。
58. 〔元〕脱脱等撰，《宋史》，中华书局。
59. 傅旋琮主编，《唐才子传校笺》，中华书局。
60. 〔元〕张光祖撰，徐敏霞、文青校点，《言行龟鉴》，辽宁教育出版社。
61. 〔明〕罗贯中撰，〔清〕毛纶、〔清〕毛宗岗点评，《三国演义》，中华书局。

62. 〔明〕宋濂撰,《元史》,中华书局。
63. 〔明〕宋濂撰,《宋濂全集》,浙江古籍出版社。
64. 〔明〕王守仁撰,〔明〕施邦曜辑评,王晓昕、赵平略点校,《阳明先生集要》,中华书局。
65. 〔明〕吴承恩撰,〔清〕黄周星点评,《西游记》,中华书局。
66. 〔清〕陈立撰,《公羊义疏》,中华书局。
67. 〔清〕陈士珂辑,崔涛点校,《孔子家语疏证》,凤凰出版社。
68. 〔清〕洪亮吉撰,李解民点校,《春秋左传诂》,中华书局。
69. 〔清〕洪颐煊撰,王建、林辰达、冯先思点校,《洪颐煊集》,浙江古籍出版社。
70. 〔清〕胡培翚撰,段熙仲点校,《仪礼正义》,江苏古籍出版社。
71. 〔清〕惠栋撰,郑万耕点校,《周易述》,中华书局。
72. 〔清〕焦循撰,沈闻倬点校,《孟子正义》,中华书局。
73. 〔清〕孔广森撰,王丰先点校,《大戴礼记补注(附校正孔氏大戴礼记补注)》,中华书局。
74. 〔清〕刘宝楠撰,高流水点校,《论语正义》,中华书局。
75. 〔清〕马瑞辰撰,陈金生点校,《毛诗传笺通释》,中华书局。
76. 〔清〕皮锡瑞撰,吴仰湘点校,《孝经郑注疏》,中华书局。
77. 〔清〕钱大昕撰,陈文和整理,《嘉定钱大昕全集》,凤凰出版社。
78. 〔清〕阮元校刻,《十三经注疏(清嘉庆刊本)》,中华书局。
79. 〔清〕孙希旦撰,沈啸寰、王星贤点校,《礼记集解》,中华书局。
80. 〔清〕孙星衍撰,陈抗、盛冬铃点校,《尚书今古文注疏》,中华书局。
81. 〔清〕孙诒让撰,汪少华整理,《周礼正义》,中华书局。
82. 〔清〕王先谦撰,沈啸寰、王星贤整理,《荀子集解》,中华书局。
83. 〔清〕王先慎撰,钟哲点校,《韩非子集解》,中华书局。
84. 〔清〕王照圆撰,《列女传补注》,华东师范大学出版社。

85. 〔清〕吴伟业撰,〔清〕程穆衡原笺,杨学沆补注,张耕点校,《吴梅村诗集笺注》,中华书局。
86. 〔清〕俞樾撰,《诸子平议》,中华书局。
87. 〔清〕章太炎撰,《章太炎全集》,上海人民出版社。
88. 〔清〕张廷玉等撰,《明史》,中华书局。
89. 〔清〕赵尔巽等撰,《清史稿》,中华书局。
90. 〔清〕钟文烝撰,骈宇骞、郝淑慧点校,《春秋穀梁经传补注》,中华书局。